COMPROMISSO COM DEUS: UMA HISTÓRIA DA VIDA REAL

Luzia Alves Castelo Branco

PREFÁCIO

Você está preparado para mudar a sua visão de mundo? O que você faria se descobrisse que tem procrastinado a salvação da sua própria alma? Quando Cristo morreu na cruz do Calvário, Seu sangue foi derramado por toda a humanidade — e você, o que tem feito neste mundo de **peregrinos e forasteiros?**

Ao apreciar esta leitura, você entenderá o quanto podemos perder em cada minuto de distração, naquelas ilusões que brilham aos nossos olhos quando estamos sem a visão direcionada pelo Criador. Creio que cada palavra nestas páginas o fará refletir sobre o passado ou o preparará para o que está por vir.
Através desta obra, você conhecerá o método devocional **Elo da Intimidade** que criei em uma fase de superação, acompanhando uma história incrível e emocionante. Além disso, terá acesso a um caderno de inspirações para estimular sua criatividade na comunhão com Deus.
Boa leitura! Que Deus abençoe você, sua casa e sua família.
Um grande abraço!

Luzia Alves Castelo Branco

EPÍGRAFE

Através desta obra, busco fortalecer espiritualmente aqueles que se sentem paralisados por situações difíceis, mostrando que a libertação é possível por meio da fé. Meu desejo é contribuir com todos que buscam mais intimidade com o Criador, servindo como um despertar para a vida espiritual.

"A criação deste livro só foi possível graças às experiências de superação em minha vida e aos dons que recebi de Deus através da fé. Este relato é fruto de uma vivência real com o poder transformador do Pai."

Referências Bibliográficas: Bíblia Sagrada (Antigo e Novo Testamentos) – Tradução de João Ferreira de Almeida.

Ilustrações e Capa: Elaboradas com recursos de Vista Create, acervo pessoal da autora e suporte de inteligência artificial.

INTRODUÇÃO

Escrevi este livro após vivenciar experiências pessoais que mudaram completamente a minha percepção sobre o mundo espiritual. Essa jornada possibilitou a minha conexão profunda com Deus e me libertou de sentimentos devastadores que, por um período, paralisaram todos os âmbitos da minha vida.

Através desta obra, compartilho o método devocional que transformou a minha história. Meu objetivo é estender a mão a todos que atravessam situações difíceis — seja qual for a área da vida — e também àqueles que desejam cultivar uma intimidade mais profunda com o Criador.

Prepare o seu coração: a sua visão sobre o mundo físico e o espiritual poderá ser transformada através desta leitura. Bem-vindo (a) a um novo tempo de **Compromisso com Deus.**

CEGUEIRA ESPIRITUAL

L evei quarenta anos para descobrir que estive cega espiritualmente. Durante quatro décadas, meus olhos enxergavam apenas as coisas terrenas. De forma não intencional, procrastinei a minha evolução espiritual, e as atitudes desencadeadas por minhas próprias escolhas geraram consequências e sofrimentos que poderiam ter sido evitados. Acredito que, assim como eu, existam pessoas em números incalculáveis que enfrentam o mesmo dilema.

O motivo dessa cegueira é o fato de que nós, seres humanos, estamos excessivamente ligados às coisas do mundo físico, esquecendo-nos de que, espiritualmente falando, não pertencemos a este lugar. Vivemos em uma busca constante: o par perfeito, a família ideal, o sucesso profissional, a casa dos sonhos... enfim, a vida que a nossa natureza humana deseja.

Perdemos tanto tempo nessa busca desenfreada que deixamos de perceber o que realmente importa para cumprirmos a nossa peregrinação aqui na terra, como os forasteiros que somos. Afinal, do que adianta ganhar o mundo inteiro e perder a própria alma?

E se, em vez de nos preocuparmos tanto em conquistar o mundo, começássemos a buscar o Criador e o Salvador dele?

Se tivéssemos a visão espiritual aberta, saberíamos que as coisas materiais não deveriam ser a prioridade absoluta. É claro que precisamos nos atentar a elas, pois vivemos em um mundo que exige o nosso sustento; mas é exatamente aqui que reside o ponto central do raciocínio: se priorizarmos a nossa vida espiritual e entendermos que temos um Pai que supre todas as nossas necessidades segundo a Sua vontade, encontraremos o equilíbrio necessário para viver bem, tanto física quanto espiritualmente.

Quando essa clareza nos alcança, ocorre uma inversão de valores em relação ao que a sociedade nos impõe. Ao abrirmos a visão espiritual, aquilo que antes parecia essencial passa a ter um peso menor. Isso não significa estagnar na vida, mas sim ser direcionado espiritualmente a fazer as escolhas certas enquanto caminhamos neste mundo físico.

DEUS QUER O MELHOR PARA NÓS

Ao criar os céus e a terra, Deus planejou cada detalhe de forma perfeita, culminando na criação do homem à Sua imagem e semelhança. No livro de Gênesis, o registro sagrado nos revela que Deus abençoou a humanidade e ordenou: "Frutificai e multiplicai-vos, e enchei a terra" (Gn 1:28).

Através dessa Palavra, fica claro que o nosso Criador abriu as portas da prosperidade para que desfrutássemos de tudo em abundância e fôssemos bem-aventurados. Desde a época de Adão e Eva, Ele proveu tudo o que era necessário para suprir as nossas necessidades físicas e espirituais.

Contudo, devido ao pecado da desobediência no Jardim do Éden, o homem e a mulher foram lançados fora da presença plena de Deus e sentenciados às consequências de seus atos. A Eva, o Senhor disse: *"Multiplicarei grandemente a tua dor, e a tua conceição; com dor terás filhos"* (Gn 3:16). A Adão, sentenciou: *"Maldita é a terra por causa de ti; com dor comerás dela todos os dias da tua vida"* (Gn 3:17). E reforçou a nossa finitude: *"No suor do teu rosto comerás o teu pão, até que tornes à terra; porque dela foste tomado; porquanto és pó e em pó te tornarás"* (Gn 3:19).

Esses versículos nos convidam a refletir sobre as dimensões

física e espiritual. Fica evidente que a desobediência gera consequências profundas: Adão e Eva tornaram-se mortais e, com eles, toda a humanidade. Além do esforço físico necessário para o sustento — uma realidade comum a todos nós —, herdamos a necessidade de uma busca ativa pelo mundo invisível.

Precisamos nos movimentar para nos aproximarmos de Deus, buscando Sua presença, proteção e direcionamento. É necessário um compromisso real para acessarmos as bênçãos que Ele designou para cada um de nós. Nosso Pai quer o melhor para Seus filhos, mas espera que façamos a nossa parte.

Deus depositou o Seu Espírito em nós ao soprar em nossas narinas o fôlego da vida, tornando-nos almas viventes, enquanto o nosso corpo material foi formado do pó da terra (Gn 2:7). Ele tem um propósito para cada existência, e nossa missão é descobrir qual é o nosso papel neste mundo. Para isso, precisamos parar de adiar o que é essencial. A procrastinação é uma inimiga perigosa na busca pela salvação. Precisamos nos conectar ao Senhor hoje e pedir visão espiritual para compreender Seus mistérios.

"Buscai ao Senhor enquanto se pode achar, invocai-o enquanto está perto" (Is 55:6).

O QUE É VISÃO ESPIRITUAL?

Segundo o registro bíblico, o profeta Eliseu discernia os conselhos secretos do rei da Síria, que guerreava contra Israel. Ao descobrir que o profeta antecipava seus planos e o impedia no combate, o rei sírio enviou um grande exército que, sob o manto da noite, cercou a cidade de Dotã com cavalos e carros de guerra.

Ao despertar cedo e deparar-se com as tropas inimigas, o moço que servia ao profeta entrou em desespero. Naquele momento, Eliseu o acalmou e orou ao Senhor, pedindo que abrisse os olhos do rapaz para que ele visse que não estavam sós. *"E o Senhor abriu os olhos do moço, e ele viu; e eis que o monte estava cheio de cavalos e carros de fogo em redor de Eliseu"* (2Rs 6:17).

Com a visão espiritual aberta, o moço compreendeu que Deus os protegia. Esse episódio demonstra que, conforme a vontade do Pai, podemos enxergar situações que transcendem o mundo físico e reforça a verdade de que temos um Deus que guerreia por nós nas regiões celestiais.

A visão espiritual está diretamente relacionada à forma como percebemos o mundo. Quanto mais atraídos pelas distrações da vida terrena, mais distantes estaremos de discernir a realidade espiritual. Para que essa visão seja aberta, é necessário crer no invisível e compreender que existe uma realidade além do que os nossos olhos físicos podem alcançar.

Nesse contexto, devemos pedir a Deus a oportunidade de enxergar além das limitações humanas. Primeiramente, para que possamos compreender a grandeza e o poder do Criador sobre todas as coisas. Só assim conseguiremos confiar e entregar nossas vidas verdadeiramente a Ele, acreditando em Suas promessas e providências, fortalecendo a nossa fé em comunhão com o Espírito Santo.

Um segundo ponto crucial é a necessidade de sensibilidade espiritual para discernirmos quando é Deus quem está falando conosco. Isso é fundamental não apenas para recebermos as respostas às nossas orações, mas para compreendermos os propósitos divinos para as nossas vidas.

Como clamou o salmista: *"Desvenda os meus olhos, para que veja as maravilhas da tua lei. Sou peregrino na terra; não escondas de mim os teus mandamentos"* (Sl 119:18-19).

O apóstolo Paulo também reforça a importância de Deus nos conceder o espírito de sabedoria e de revelação, iluminando os olhos do nosso entendimento para que conheçamos a nossa vocação e a soberana riqueza da Sua herança (Ef 1:17-19).

A VIVÊNCIA

O que aconteceu comigo?

Por muito tempo, acreditei que poderia falar com Deus apenas quando sobrasse tempo. Eu me lembrava do Senhor com frequência e orava em diversos momentos, mas não possuía um compromisso real com Ele. Minhas orações eram casuais, feitas quando o tempo permitia ou quando a necessidade apertava. Minha prioridade, confesso, não era o Reino.

Apesar disso, sempre fui fervorosa na fé e sabia que Deus cuidava de mim e da minha família. Desde a minha primeira comunhão, aos dez anos, eu sentia a presença do Pai de forma intensa. No entanto, eu não me aprofundava em Sua Palavra; apenas a ouvia durante as cerimônias religiosas. Eu até possuía uma Bíblia em casa, mas ela permanecia fechada.

Aos 14 anos, eu morava em frente a uma pequena igreja de tábua no Bairro Taiamã, na Rua das Guitarras, em Uberlândia. Era um lugar de extrema simplicidade, mas frequentado por pessoas de fé inabalável. Foi ali que conheci a Vera, minha vizinha, que sempre me convidava para as celebrações. Lembro-me com carinho de ajudá-la a lavar os bancos daquela casinha de Deus antes das reuniões. Eu já cantava para o Senhor naquela época, sem sequer imaginar a importância espiritual daquele louvor; para mim, era apenas algo que me trazia paz e renovava as minhas forças. Hoje compreendo que meus olhos ainda não estavam abertos para a profundidade das coisas celestiais.

Muitos anos depois, Deus começou a preparar a minha sensibilidade espiritual. Ele me fez perceber que tudo depende da Sua soberana vontade através de um sonho que eu desejava desesperadamente realizar: ser mãe.

Eu tentava engravidar há dois anos, sem sucesso. Busquei ajuda médica e meu ginecologista prescreveu indutores de ovulação, mas a gravidez não vinha. Realizei exames complexos, como a histerossalpingografia, e os resultados físicos foram negativos para obstruções.

Logo após o procedimento a sonhada notícia finalmente chegou. Contudo, a alegria durou pouco. Na oitava semana de gestação, descobri que o embrião não tinha batimentos cardíacos.

O sofrimento emocional que se seguiu ao aborto espontâneo foi devastador. A expectativa criada e as tentativas frustradas geraram uma dor profunda. Por meses, permaneci abalada, tentando entender o porquê, mas minha busca ainda era puramente humana e médica; eu ainda não enxergava o lado espiritual daquela provação.

Foi em 2013, após uma conversa com meu pai, José Renato — que é obreiro em uma igreja cristã (IMPD) — que algo novo começou a brotar. Ele me contou a história de Ana, registrada nas Sagradas Escrituras (1Sm 1:1-20). Fiquei curiosa. Ana sentia uma "amargura de alma" por não poder gerar filhos, e eu me identifiquei imediatamente com aquele sentimento.

Ao abrir a Bíblia para ler aquela história, uma semente foi plantada em meu coração. Através do sofrimento, comecei a me aproximar de Deus com uma nova perspectiva. Algo mudou em mim naquele momento: passei a sentir a presença d'Ele com uma intensidade que nunca havia experimentado antes, despertando em mim uma necessidade urgente de buscar a face do meu Criador.

O Limite da Medicina e a Espera em Deus

Em nossa luta constante para constituir uma família e após realizarmos diversos exames, decidimos procurar uma clínica de fertilidade. Estávamos preparados para protocolos e tratamentos complexos, mas fomos surpreendidos pela honestidade do médico especialista. Ao analisar nossos resultados, ele olhou para nós e disse:

"Não vejo nada nestes exames que os impeça de ser pais. Na minha opinião, vocês não devem realizar procedimento algum. O que falta para vocês engravidarem é apenas esperar pela vontade de Deus".

Ficamos atônitos. Esperávamos que ele nos oferecesse uma solução técnica ou um tratamento avançado, mas ele escolheu a verdade. Naquele dia, decidimos interromper a busca por soluções puramente médicas e fizemos uma escolha difícil, mas necessária: esperar que a vida acontecesse naturalmente, conforme a vontade do Pai.

Três anos depois, em 2016, a notícia tão esperada chegou: eu estava grávida novamente. No entanto, o pesadelo se repetiu de forma cruel. O resultado foi o mesmo: ausência de batimentos cardíacos embrionários seguida de um novo aborto espontâneo. Eu mal podia acreditar que estava atravessando aquele vale pela segunda vez. Parecia um ciclo de dor que não chegava ao fim. Fiquei imensamente triste, mas percebi algo diferente em mim: desta vez, embora a dor fosse real, meu emocional estava menos abalado. Eu já não era a mesma de antes.

Meu esposo e eu seguimos em frente, mas o meu coração ainda não se conformava. Por diversas vezes, o choro vinha ao pensar na maternidade; era um vazio que parecia não ter fim, um desejo profundo de ver a minha família crescer. Contudo, agora tínhamos uma certeza gravada em nossas almas: o milagre não dependia apenas de nós. Continuamos tentando, mas agora com os olhos voltados para o céu, aguardando o tempo e a soberana vontade do Senhor para as nossas vidas.

A tão sonhada gestação

Finalmente, no ano de 2018, Deus mudou a nossa sorte e nos abençoou com o dom de sermos pais. Engravidar da nossa filha, Sophia, foi um dos momentos mais gratificantes e únicos de nossas vidas. Devido às experiências anteriores, optamos por compartilhar a notícia com familiares e amigos apenas após a confirmação dos batimentos cardíacos e a certeza de que a evolução inicial estava perfeita.

Contudo, no terceiro mês de gestação, um novo desafio surgiu. Durante uma ultrassonografia, foi detectado que a Sophia apresentava a condição de Artéria Umbilical Única (AUU). Isso significa que o feto recebe nutrientes e oxigênio por apenas uma artéria, quando o padrão seriam duas. Na época, minha obstetra, Dra. D.P, tranquilizou-me: como os demais exames estavam normais, não deveríamos nos desesperar. A recomendação era monitorar o peso da bebê com exames rotineiros, pois havia o risco de um nascimento com baixo peso.

Ainda assim, o cenário era de incertezas. A medicina não podia nos dar garantias totais, pois cada caso de AUU evolui de uma forma; algumas crianças nascem sem qualquer intercorrência, enquanto outras podem apresentar anomalias. Realizei o ultrassom morfológico e a translucência nucal para identificar possíveis alterações genéticas, mas, os resultados não apresentaram anormalidades.

Aos seis meses, devido a questões burocráticas do convênio, mudei o acompanhamento para o Dr. J.B. Ele foi mais detalhista quanto aos riscos da AUU, explicando que a ausência de uma artéria poderia afetar o desenvolvimento dos rins ou do coração, além da questão nutricional. Aguardávamos cada evolução com felicidade, mas também com o coração entregue a Deus. Essa gestação foi, sem dúvida, o período em que vivi minha maior experiência de intimidade com o Senhor.

Os meses avançaram sob vigilância constante e ultrassonografias mensais. Tudo parecia sob controle até que, no oitavo mês, a médica detectou um volume maior no rim esquerdo da nossa bebê — um acúmulo de urina que causava dilatação. Ela nos explicou que poderia ser um quadro de hidronefrose, mas ressaltou que em 80% dos casos a situação se normalizava logo após o nascimento.

A ansiedade tomou conta de mim. Eu não via a hora de olhar para o rosto da minha filha e ter a certeza de que ela estava bem. Essa tensão foi tão grande que, quando o médico sugeriu um ecocardiograma fetal para checar a parte cardiológica, eu recusei. Meus exames de imagem estavam normais e eu tive medo de receber qualquer notícia que me deixasse ainda mais nervosa.

Ao avaliar os últimos exames, o médico percebeu que a Sophia havia parado de ganhar peso no útero. Diante disso e da alteração renal já detectada, ele tomou uma decisão decisiva: antecipar o parto para garantir a segurança da nossa pequena.

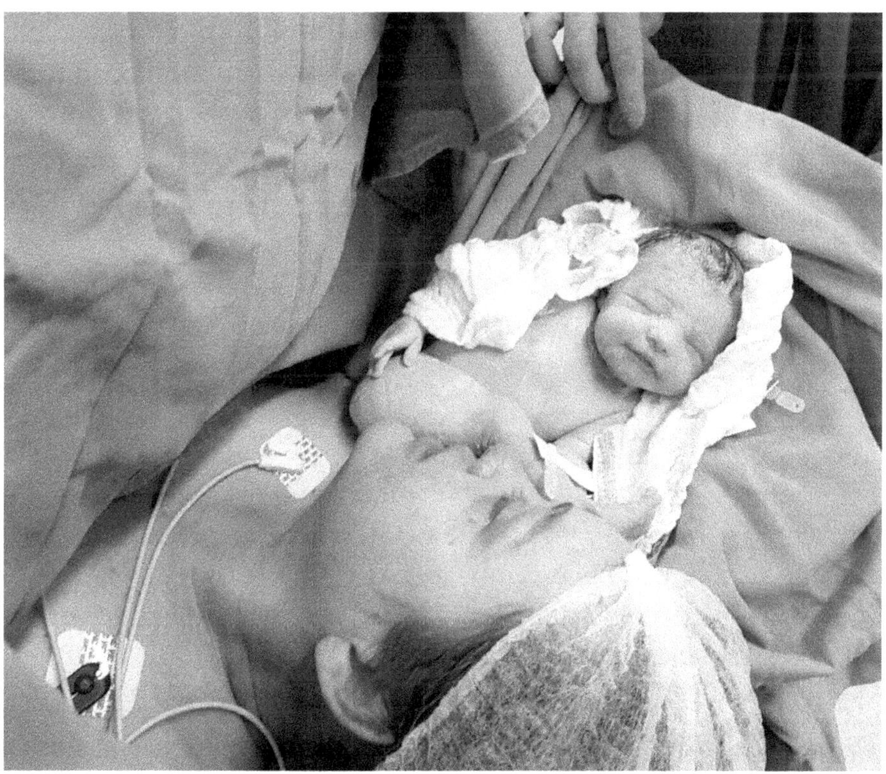

O nascimento

Tudo aconteceu no dia 08 de janeiro de 2019. Em um hospital particular de Uberlândia, Sophia veio ao mundo na 38ª semana de gestação. Foi uma cesariana, mas a alegria do nascimento foi imediatamente acompanhada por um alerta: o pediatra de plantão, Dr. W.M., informou que ela não poderia subir comigo para o quarto, pois não conseguia respirar sozinha. Ela foi levada às pressas para o berçário e colocada em um capacete de oxigênio. Naquele instante, porém, o susto não me dominou; a gratidão inexplicável de olhar para ela e ouvir seu choro delicado e baixinho roubou toda a minha atenção.

Após a cirurgia, instalada no quarto, meus pensamentos voavam até Sophia. Eu não fazia ideia do pesadelo que estava prestes a enfrentar em relação à saúde dela, nem que minha família demoraria tanto a conhecê-la pessoalmente, acompanhando tudo apenas por fotos e vídeos.

Na tarde daquele dia, levantei-me para o primeiro banho. Caminhei pelo corredor com a ajuda da minha irmã, Elaine Alves. Meus familiares estavam no hospital, ansiosos para conhecer a pequena, mas foram impedidos; Sophia estava sob cuidados rigorosos no berçário, onde apenas os pais tinham acesso.

Mais tarde, finalmente fui ao encontro da nossa filha, que nascera com apenas 2,130 kg. Ao vê-la tão pequenina sob aquele capacete de oxigênio, senti uma dor lancinante no coração. O fato de não poder pegá-la ou abraçá-la me fez desabar. Chorei muito, mas meu marido, com fé e ternura, me consolou no caminho de volta ao quarto, garantindo que tudo daria certo.

Na madrugada seguinte, por volta de 1h30, fomos chamados com urgência à recepção da ala pediátrica para falar com a cardiologista, Dra. L.G. O susto foi inevitável pelo horário, mas a notícia foi ainda mais impactante: Sophia tinha cardiopatia congênita (Comunicação Interatrial, Comunicação Interventricular e Persistência do Canal Arterial). Com um papel e caneta na mão, a médica desenhou o coração de nossa filha, explicando que ela precisaria de acompanhamento constante e, provavelmente, de uma correção cirúrgica no futuro. Embora assustados, voltamos para o quarto com um sopro de alívio: havia um diagnóstico e possibilidades de tratamento.

Dois dias depois, recebi alta da maternidade. Contudo, meu corpo saía, mas meu coração permanecia ali. Começava então a exaustiva jornada diária entre casa e hospital, das 9h às 20h. No início, cada movimento da cesariana era um sacrifício; eu sentia dores ao sentar, ao levantar e um cansaço extremo. Abri mão do meu resguardo; minha única prioridade era estar perto dela. Não descansei um dia sequer. Permanecia sentada ao lado do berço de Sophia, saindo apenas para o essencial, aguardando o momento em que meu esposo chegava para a visita dos pais.

Os dias passavam e as notícias se acumulavam. Eu lutava para me conformar com a situação, alimentando a esperança de que logo ela respiraria sozinha e receberia alta. No entanto, a cada amanhecer, uma nova revelação sobre a saúde dela nos aguardava.

O Vale da Incerteza e a UTI

Recordo-me de que, ao olhar para Sophia novamente sob aquele capacete, senti uma angústia profunda. Comecei a clamar a Deus para que ela fosse liberta daquela condição. No dia seguinte, recebemos uma pequena vitória: nossa filha saiu do capacete e passou a respirar com auxílio de uma isolete e, posteriormente, de um cateter de oxigênio. O fato de ela conseguir ingerir leite por um copinho alimentava minha esperança de que nossos dias ali estariam contados. Mas eu ainda não conhecia a profundidade do deserto que atravessaríamos.

Iniciou-se uma fase intensa de investigações. Além da avaliação cardiológica, o pediatra solicitou o parecer de diversos especialistas: neuropediatra, ortopedista, urologista, oftalmologista e geneticista. O medo nos visitou novamente quando o médico revelou a suspeita de uma síndrome genética. O quadro clínico de Sophia era complexo: além da dificuldade respiratória, ela não possuía o reflexo de sucção, apresentava refluxo urinário, luxação no quadril e uma hipotonia acentuada — era, como diziam, "flexível demais".

A neuropediatra, Dra. N.C., confirmou a hipotonia e realizou exames como a eletroneuromiografia, que não apontou alterações. Contudo, a suspeita genética persistia. Realizaram o exame de cariótipo, cujo resultado demoraria cerca de quarenta dias. Fomos informados, com clareza, de que Sophia não receberia alta até que o diagnóstico fosse fechado.

Para não alimentarmos expectativas falsas ou desesperançosas, decidimos entregar tudo nas mãos de Deus e evitar pesquisas exaustivas. O pouco que líamos nos aterrorizava: relatos de síndromes raras onde a hipotonia aliada a problemas cardíacos resultava em morte súbita. Estávamos tão abatidos que, ao chegarmos em casa, tentávamos apenas nos desligar do assunto para renovar as forças para o dia seguinte.

Sophia iniciou sessões de fisioterapia motora e respiratória, o que lhe fez muito bem. No entanto, enfrentamos um novo desafio com a fonoaudiologia. A profissional, T.B., alertou que a alimentação via oral era perigosa, pois Sophia engolia apenas por gravidade, sem sucção e com fraqueza muscular na língua, o que gerava o risco iminente de broncoaspiração. A recomendação médica foi drástica: ela deveria ser alimentada por sonda.

Minha natureza de mãe relutava em aceitar aquela imposição. Eu a tinha visto tomar leite no copinho desde o primeiro dia!

Foi difícil aceitar que ela não mamaria em mim, tanto por sua limitação quanto pelo cansaço respiratório. Eu ansiava por colocá-la ao peito, mas a autonomia ali era dos médicos, e compreender que tudo era monitorado para o bem dela foi um dos exercícios de humildade mais difíceis que vivi.

Permanecemos no berçário de 08 a 26 de janeiro de 2019. No entanto, após um desconforto respiratório preocupante decorrente de uma broncoaspiração, Sophia foi transferida para a UTI neonatal e pediátrica. Naquele dia, nosso mundo literalmente caiu. Por mais que a equipe tentasse nos acalmar, dizendo que o objetivo era um monitoramento mais rigoroso, o impacto da palavra "UTI" nos chocou profundamente. O medo do desconhecido se tornou real, e percebemos que o desafio era muito maior do que havíamos imaginado.

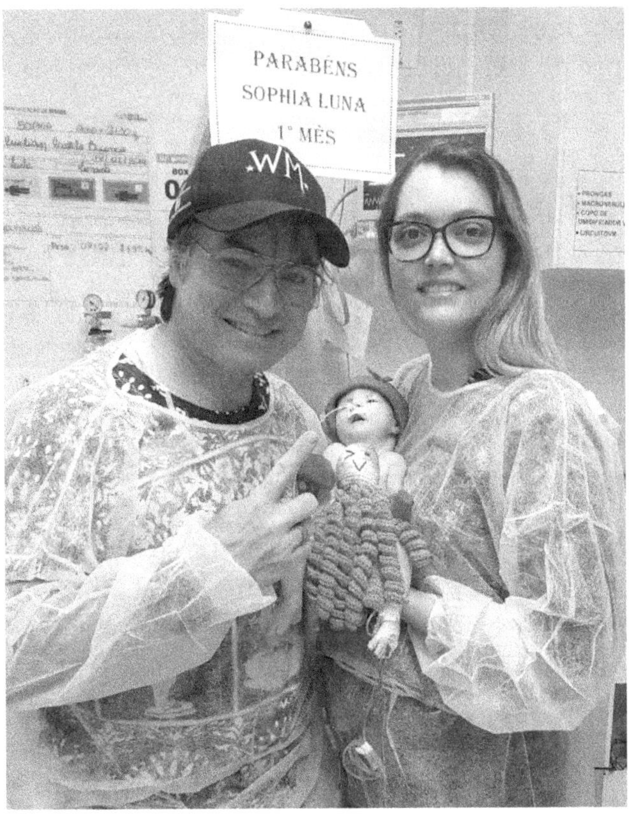

Um Mundo à Parte: O Universo da UTI

Cheguei à UTI tomada pela resistência e sentindo-me mais perdida do que nunca. Até compreender a gravidade da situação e as normas rígidas da Unidade de Tratamento Intensivo, levou tempo para que a realidade se impusesse. Precisávamos respeitar horários rigorosos de entrada e saída para que a rotina de monitoramento, banhos, medicações e avaliações médicas pudesse ser cumprida. Sempre que ocorria uma intercorrência ou um procedimento mais delicado, como a punção de uma veia, éramos solicitados a sair da unidade.

Com o passar dos dias, fomos nos adaptando àquela rotina. Começamos a perceber que ali era, de fato, o lugar mais seguro para a nossa princesinha; ser acompanhada de perto por médicos 24 horas nos trazia uma camada de segurança. Além disso, meu esposo e eu podíamos nos revezar no cuidado, o que nos permitia um pouco de fôlego naquela jornada exaustiva.

Diante daquela situação, Deus era a nossa rocha, mas Ele também usava as mãos de outras pessoas para nos sustentar. As conversas com outros pais que enfrentavam batalhas semelhantes, tanto no berçário quanto na UTI, foram fundamentais. As trocas de experiências e o acompanhamento da psicóloga, A.C., ajudavam-nos a entender que não estávamos sozinhos naquele vale de preocupações.

Havia um momento específico de muita partilha: a ordenha coletiva. Enquanto tirávamos o leite para alimentar nossos filhos — intercalando com as fórmulas prescritas —, nós, as mães, desabafávamos umas com as outras. Naquele cantinho, e também no convívio com as colaboradoras do lactário, encontrávamos um espaço para abrir o coração e sair dali um pouco mais aliviadas.

As histórias de sofrimento se cruzavam e se consolavam mutuamente. Sempre havia alguém em uma situação mais delicada, e o testemunho de superação de uma mãe fortalecia a outra. Recordo-me vividamente de uma mãe que transbordava alegria: sua filha, que nascera prematura com apenas 600 gramas, acabara de atingir 1,2 kg. Ela precisava chegar aos 2,1 kg para receber alta — exatamente o peso que minha filha tinha ao nascer. Naquele dia, a semente da gratidão floresceu em mim de forma definitiva; decidi descartar a tristeza e passei a aceitar e agradecer a Deus por tudo.

Aquele hospital era um mundo totalmente diferente da realidade que conhecíamos. Parecia que estávamos fora do tempo, vivendo uma vida paralela. Nosso universo havia se resumido àquelas paredes. Muitas vezes, só sentíamos vontade de conversar entre nós, as mães, pois estávamos "no mesmo barco". Quem estava do lado de fora, no mundo real, jamais conseguiria compreender a fundo o que estávamos vivendo.

Somente quem sentia na pele a dor de ver um filho lutando para respirar, se alimentar ou ser medicado, sabia o peso de retornar para casa todas as noites com os braços vazios. Toda aquela situação me dilacerava por dentro, mas eu sabia que precisava seguir em frente e ser forte. O que presenciamos na UTI foi duríssimo, mas serviu como uma experiência profunda de fortalecimento espiritual.

Era complexo aceitar que nossa filha não seguia o ritmo de uma criança "dentro do padrão". Como pais de primeira viagem, tudo era novo e assustador. Nossa consciência foi se transformando aos poucos, pois ninguém é verdadeiramente preparado para o inesperado.

O Altar das Escadas e a Entrega Necessária

Não sabíamos como agir. Estávamos aprendendo a lidar com o inesperado, vivendo um dia de cada vez, cientes de que não podíamos desanimar. Precisávamos um do outro: quando um fraquejava, o outro servia de arrimo, e assim seguíamos lutando.

Muitas vezes, meu altar foi o banheiro de casa ou as alas silenciosas do hospital. Eu chorava escondida nos intervalos entre os revezamentos com meu esposo. Naquela época, uma nova ala da maternidade estava sendo finalizada e usávamos o acesso aos sanitários internos para momentos de privacidade. Em vez do elevador, eu escolhia as escadas. Subia os degraus para me isolar e permitir que as lágrimas descessem. Ali, entre um degrau e outro, eu louvava a Deus, orava, agradecia e suplicava por forças para continuar a caminhada e ajudar a nossa menina.

O que nos erguia era olhar para Sophia e enxergar a alegria em seus olhos, sua força e sua vontade de viver. Por incrível que pareça, embora ela fosse quem atravessava as fases mais críticas, parecia ser mais forte do que nós. Fazíamos o impossível para transmitir-lhe boas energias, cientes de que precisávamos reagir bem diante dela.

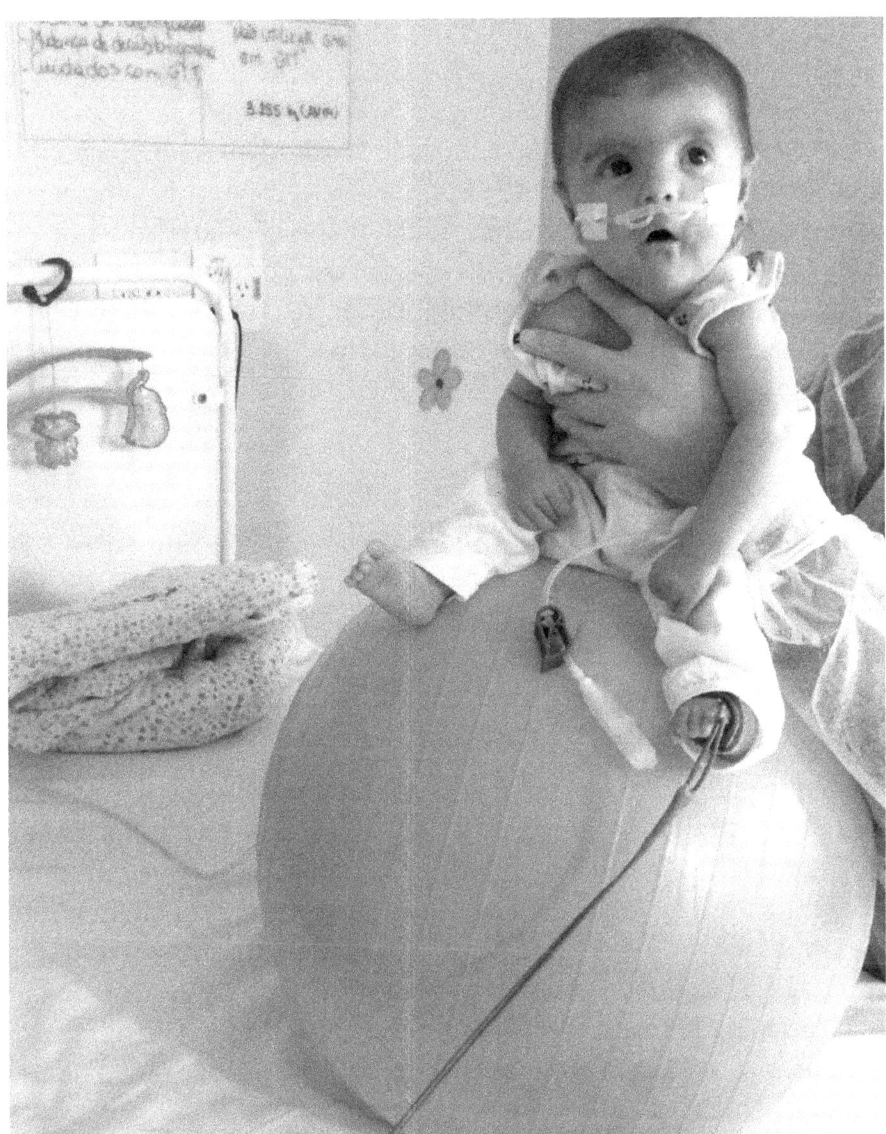

O sentimento desses dias era uma montanha-russa inexplicável. Havia momentos de choro compulsivo que, subitamente, eram interrompidos por uma espécie de "fortaleza de dor" — um escudo que o sofrimento cria para nos proteger. Às vezes, sentia uma frieza emocional que me deixava triste, mas sem lágrimas. Hoje entendo que essa era a forma de Deus nos blindar contra a amargura da alma, dando-nos a rigidez necessária para suportar o peso.

Ainda assim, passamos por momentos de difícil aceitação. Jamais esquecerei o dia em que Sophia ganhou seu primeiro berço na UTI. Desabei a chorar sozinha. Meu coração doía ao vê-la ali, pois eu havia planejado outro cenário: o berço enfeitado em seu quarto, em nossa casa. Naquele momento, o sonho de tê-la em meus braços, sem monitores ou preocupações, parecia se distanciar cada vez mais.

Outro desafio foi aceitar a recomendação da gastrostomia. Sophia não desenvolvia o reflexo de sucção, e a cardiologista nos explicou que a "gastro" seria a melhor opção. Quando ela me mostrou uma criança na UTI com a sonda, fiquei abalada. A cena foi forte demais para mim. Resisti até o último instante, acreditando que os estímulos da fonoaudiologia trariam o reflexo de sucção, mas isso não aconteceu no hospital.

Para que ela pudesse receber alta sem o desconforto das sondas nasais ou orais, a gastrostomia era a única alternativa viável. Adiei o quanto pude, mas finalmente cedemos. O procedimento foi realizado em 04 de abril de 2019. Ficamos apreensivos, como qualquer pai diante de uma cirurgia. O procedimento foi feito via endoscópica e durou cerca de duas horas. Nosso maior medo era sua capacidade respiratória, pois ela ainda dependia do oxigênio. No entanto, o Senhor cuidou de tudo: ela foi entubada e extubada rapidamente, para glória de Deus.

Hoje compreendo que aceitar aquele procedimento foi um ato de sabedoria. A gastrostomia trouxe qualidade de vida para Sophia, livrando seu pequeno rosto do incômodo das sondas no nariz e na boca. Foi a decisão mais acertada que tomamos, pois tornou-se sua principal via de nutrição, eliminando o risco de broncoaspiração que tanto nos assombrava. Decidimos seguir à risca cada recomendação médica, pois o medo de uma nova internação nos fazia zelar por cada detalhe da sua segurança.

Os Sustos da UTI e o Milagre do Quadril

Com o tempo, fomos aceitando que Sophia ainda não conseguia se alimentar pela boca. Alimentávamos a esperança de que os estímulos da fonoaudiologia trouxessem esse progresso tão esperado. E a vitória veio: aos um ano e dois meses, ela finalmente conseguiu comer suas primeiras papinhas. Foi emocionante! Mesmo que tardiamente, ela desenvolveu parte do reflexo de sucção. Seus olhos brilhavam ao ver a comida; ela adorava, embora precisássemos limitar as quantidades devido ao refluxo causado pela fraqueza muscular.

Nossa aceitação quanto às limitações de Sophia aconteceu naturalmente, acompanhando cada fase de sua recuperação. Contudo, enquanto esteve na UTI Neonatal, ela nos pregou muitos sustos. Houve momentos em que o medo de perdê-la foi real.

Certo dia, ela ficou tão pálida que, ao pegá-la no colo, senti que ela estava desfalecendo. Entrei em pânico e chamei a médica imediatamente, que decidiu entubá-la. Aquela foi a primeira vez que ela precisou do tubo. Minhas pernas ficaram bambas e achei que não suportaria, mas Deus me manteve de pé.

A segunda vez ocorreu após passarmos a noite em casa. Ao retornarmos na manhã seguinte, encontramo-la entubada e recebendo uma transfusão de sangue devido a um desconforto respiratório repentino durante a madrugada. Havia suspeita de infecção. Ver nossa filha naquela situação foi um choque profundo.

Outro momento angustiante foi o uso do suspensório de Pavlik, indicado pela ortopedista para corrigir uma luxação no quadril esquerdo e evitar uma cirurgia penosa. Chorei muito ao vê-la com aquele dispositivo. Ela não podia retirá-lo nem para o banho e estava impedida de movimentar as pernas — algo que ela sempre fazia com tanta alegria.

Uma semana após o início do uso, o suspensório precisou ser retirado devido a uma intercorrência de emergência. Quando tentaram recolocá-lo, Sophia teve uma crise de nervosismo tão intensa que lhe faltou o ar; ela ficou roxa e precisou ser reanimada com a máscara de oxigênio (Ambu). Ela só voltou ao normal quando o suspensório foi removido. Durante minhas orações, clamei muito para que Deus a livrasse daquele sofrimento. Era estresse demais para um ser tão pequeno.

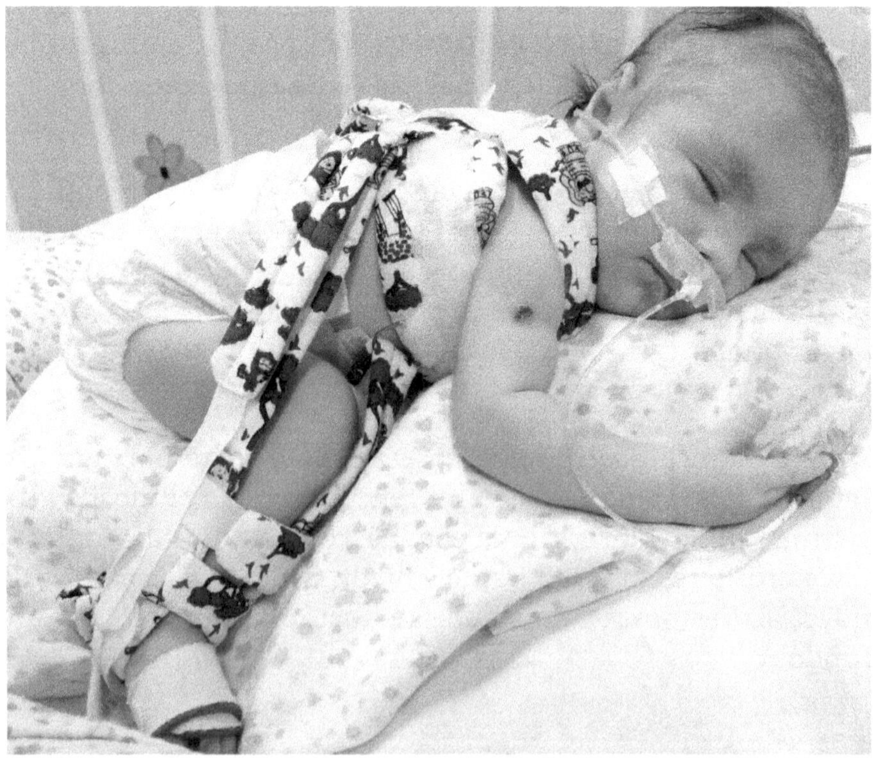

Foi então que o milagre se manifestou. A ortopedista repetiu a ultrassonografia do quadril para reavaliar o caso e constatou, surpresa, que o problema havia sido corrigido. Ela afirmou que o suspensório não era mais necessário. Eu creio piamente que Deus operou a cura, pois o curto período de uso não seria suficiente, pela medicina, para normalizar a luxação.

Após esses episódios, seguimos a rotina hospitalar vigiando contra infecções e aguardando os trâmites burocráticos para o Home Care. Enquanto isso, começamos a ser treinados pela equipe para cuidar da nossa menina em casa. Foi nesse período que tivemos o prazer de dar o primeiro banho em nossa filha, quando ela já tinha três meses de vida. Até então, essa tarefa cabia às técnicas de enfermagem.

Aprendemos muito: o banho, a troca de fraldas com segurança, o manuseio da sonda de gastrostomia e a administração de dietas e medicamentos. Sophia necessitava de cuidados especiais; cada alimentação durava cerca de uma hora e meia através de uma bomba de infusão, pois seu organismo não tolerava a técnica manual (gavagem).

Esse treinamento na UTI durou dois meses. Paralelamente, aguardávamos a conclusão genética. O exame de cariótipo deu normal, não acusando nenhuma síndrome comum. Restava-nos esperar pelo resultado do exame de Microarray (SNP ARRAY), solicitado pelo geneticista para uma investigação mais profunda do seu quadro clínico.

O Batismo e o Milagre do Fôlego de Vida
Naquele período, nada parecia preencher o vazio que eu sentia.

Minha angústia não era apenas pela saúde da Sophia ou pela expectativa da alta; o que eu buscava era a certeza de que ela ficaria bem, algo que ainda parecia incerto devido à fragilidade do seu quadro e ao risco constante de infecções.

Diante do peso dessa realidade, busquei socorro espiritual para permanecer firme. Fui a um culto na Congregação Cristã no Brasil (CCB), próxima ao hospital — a mesma igreja que meu irmão, Renato Alves, frequentava. Desde o primeiro dia, senti a presença de Deus de forma avassaladora. Ele falou profundamente ao meu coração através da passagem de Jeremias 18:1-4, pela boca do servo que ministrava. Ali, o Senhor revelou detalhes que somente eu conhecia sobre as minhas lutas.

A partir daquele encontro, os sentimentos devastadores — a tristeza da alma e o medo constante da perda — foram se dissipando gradativamente. A Palavra de Deus tornou-se o meu sustento; passei a confiar plenamente e senti-me revestida de uma força nova para enfrentar as batalhas diárias ao lado da minha filha.

Passei a frequentar os cultos semanalmente. Recordo-me de que, no dia primeiro de junho daquele ano, fui a um culto de batismo apenas para assistir. No entanto, o chamado de Deus foi tão forte que não pude resistir; aceitei a Jesus naquela mesma noite, sendo batizada nas águas sob a luz de uma palavra que me tocou profundamente: Lucas 19:1-6. Aquele acontecimento transformou para sempre a minha visão espiritual; senti que, finalmente, a barreira entre mim e o Criador havia caído.

Quatro dias após o meu batismo, vivemos um grande milagre: nossa pequena Sophia foi liberta do cateter de oxigênio! Deus concedeu a ela a força necessária para respirar sozinha. Esse foi um dos marcos mais extraordinários do agir de Deus em nossa história. Logo em seguida, ela recebeu alta da UTI e foi transferida para o quarto. Ela estava com cinco meses de vida, respirando por conta própria e sem qualquer intercorrência. Louvado seja Deus!

O único desafio remanescente era o refluxo, que permanecia ativo. Por causa disso, não conseguíamos aumentar o volume da dieta conforme o esperado para a idade dela; tudo precisava ser feito com extrema cautela, respeitando o seu ritmo. Como a equipe do hospital frequentemente nos lembrava: "Tenham paciência; cada criança tem o seu ritmo. As coisas não acontecerão no tempo de vocês, mas no tempo dela e de Deus".
Seguimos com fé, na esperança de que o melhor continuaria a se manifestar. Estar no quarto já era uma vitória motivo de celebração, pois agora podíamos estar com ela 24 horas por dia e, finalmente, dormir ao seu lado — algo impossível na UTI. Estávamos transbordando de felicidade. A autonomia que ganhamos era o ensaio final para a nossa volta para casa, uma prévia de como seria a nossa nova rotina no aconchego do nosso lar.

A Chegada ao Lar: Entre a Alegria e a Vigilância

Finalmente, após seis meses de vida hospitalar, trouxemos Sophia para casa no dia 16 de julho de 2019. Foi um dos dias mais felizes de nossas vidas, um motivo de celebração para toda a família. Sabíamos que a luta continuaria, mas agora sob uma nova fase de esperança.

Sua chegada foi o combustível para enfrentarmos os novos obstáculos. Embora as dúvidas, incertezas e o medo de falhar tentassem nos visitar, tínhamos a convicção de que Deus estava no comando. Nossa fé era tão inabalável que levamos tempo para compreender a real delicadeza do quadro de saúde dela, especialmente após o resultado do exame *SNP ARRAY*. O laudo revelou uma microduplicação em um dos cromossomos, classificada como uma "variante de significado clínico incerto".

De acordo com o banco de dados genômicos (Decipher), não havia registro similar àquela alteração específica detectada na amostra de Sophia. Diante de todas as suas limitações, os médicos acreditavam que ela possuía uma síndrome ainda não registrada — como se aquela duplicação cromossômica fosse única até então.

Apesar das incertezas, não nos deixamos abalar. Em casa, mergulhamos em uma nova rotina. Parei de trabalhar para me dedicar integralmente aos seus cuidados, contando com o apoio do meu esposo, que também estava afastado de suas atividades. O convênio autorizou que técnicos de enfermagem nos acompanhassem no horário comercial durante o primeiro mês, o que foi essencial para nossa adaptação. Nosso maior temor era a necessidade de um socorro de emergência e o medo de falharmos, mas encaramos a realidade e seguimos.

Na primeira semana, houve uma queda significativa em sua saturação. Acionamos a ambulância do Home Care e ela foi levada ao hospital. Felizmente, Sophia recebeu os cuidados necessários e retornou para casa no mesmo dia. Foi um susto que interpretamos como um processo de adaptação ao novo ambiente e ao clima; os exames confirmaram que seu quadro clínico permanecia estável.

Vivíamos em estado de alerta, monitorando cada detalhe: horários de medicamentos, infusão de dietas, terapias e, principalmente, a vigilância durante o sono. Dedicávamos a ela 24 horas por dia. Enquanto meu esposo tinha mais tempo para interagir e brincar com ela, eu me desdobrava entre os cuidados com Sophia e as tarefas do lar — cozinhar, arrumar e cuidar da nossa convivência familiar. Graças a Deus, tudo fluía bem em meio ao cansaço.

Paralelamente, buscamos a avaliação da AACD (Associação de Assistência à Criança Deficiente) para potencializar seu desenvolvimento motor. Durante a consulta com o neuropediatra da instituição, ouvimos a dura verdade: Sophia era totalmente hipotônica. Embora ela movimentasse bem os braços, pernas e cabeça, seu tronco não tinha firmeza e, aos seis meses, ela ainda não conseguia sentar-se. O diagnóstico nos assustou, mas permanecemos confiantes de que, com a fisioterapia diária e o amparo do Senhor, veríamos seu progresso.

O Peso da Incerteza e a Luta contra o Refluxo

O que mais me preocupava e me deixava inquieta era o peso da Sophia; era aquele sexto sentido de mãe que não me deixava descansar. Meu esposo tentava me tranquilizar: "Calma, dê tempo ao tempo, ela ainda vai ganhar peso, não fique tão preocupada". Mas nada me acalmava. Eu nunca consegui me conformar com a estagnação física da nossa filha.

Pouco tempo após ela sair do hospital, durante o acompanhamento com a cardiologista, ouvíamos que Sophia estava bem e progredindo. Diante da autoridade médica, tentávamos silenciar nossos medos. No entanto, ela começou a apresentar cólicas intensas devido a algumas fórmulas suplementares. Seguindo o conselho da médica, suspendemos os suplementos e mantivemos apenas o leite. As cólicas reduziram, mas, em contrapartida, ela parou de ganhar peso.

A nutricionista do Home Care, que a visitava mensalmente, afirmava que a aparência dela era normal, que a pele estava boa e que tudo caminhava bem. Confiávamos em sua palavra, mas a realidade era muito mais delicada do que imaginávamos. Sophia não engordava, mas também não emagrecia; ela apenas mantinha um peso muito abaixo do adequado para a sua idade. Meu medo era que ela não suportasse o próprio crescimento. Eu pensava: "Como ela vai conseguir se firmar? Ela ficará fraca com o tempo". Ainda assim, seguíamos em frente, observando os dias passarem.

Em janeiro de 2020, buscamos uma segunda opinião com a Dra. A.C., uma pediatra experiente, já que a médica titular estava de licença. Ela nos orientou a introduzir caldos, sucos e uma quantidade maior de água, além de aumentar gradualmente a oferta de leite. Seguimos as instruções à risca, infundindo cada alimento com paciência, tentando facilitar a aceitação do seu organismo.

No primeiro mês, tivemos um sopro de esperança: ela engordou 200 gramas. Contudo, logo em seguida, seu corpo começou a rejeitar a dieta e tivemos que reduzir o volume novamente por causa do refluxo. Parecia um ciclo cruel: quando achávamos que ela iria progredir, sofríamos um retrocesso.

Percebemos, então, que Sophia estava definhando. O volume da dieta era insuficiente, a hidratação estava abaixo do necessário porque ela não suportava grandes quantidades, e os oito medicamentos que administrávamos via sonda acabavam retornando em parte devido ao refluxo. Já haviam nos alertado de que a hipotonia agravaria esse quadro, mas nossa mente relutava em aceitar a gravidade da situação, especialmente porque os exames não mostravam a urgência que os meus olhos de mãe viam.

Com o aumento das crises de refluxo, vivíamos com medo de que ela sufocasse ou broncoaspirasse. Interrompíamos a alimentação sempre que ela demonstrava desconforto. Era desgastante e agonizante vê-la sofrer tanto; quando o refluxo vinha, ela não colocava o conteúdo para fora, ela o engolia novamente, lutando em silêncio com aquela situação. Era uma tortura presenciar sua dor a cada tentativa de nutrição.

O Limite das Forças e a Decisão Difícil

Tentávamos ajudá-la ao máximo em casa. Nosso maior temor era uma nova hospitalização, onde o risco de infecções hospitalares era constante. A situação tornava-se ainda mais alarmante devido ao refluxo urinário da Sophia, que a tornava propensa a infecções recorrentes. Somado a isso, vivíamos o auge da pandemia; o ambiente hospitalar parecia um território perigoso para uma criança com um quadro clínico tão delicado.

Infelizmente, todo o nosso zelo pareceu insuficiente. Mesmo com a administração de antibióticos preventivos, Sophia contraiu uma infecção urinária justamente no período em que já lutava para não perder peso. A partir dali ela começou a emagrecer. Notamos que suas forças estavam se esvaindo: ela já não queria se esforçar durante a fisioterapia e permanecia quieta durante o banho, perdendo a alegria que costumava demonstrar ao brincar na banheira.

Diante do seu visível enfraquecimento, levamo-la ao Pronto Socorro. A cardiologista que a acompanhava desde o nascimento detectou que sua glicose estava baixa e prescreveu uma nova dieta de fortalecimento. O objetivo era que ela recuperasse peso para, finalmente, submeter-se à cirurgia cardíaca corretiva, que prometia solucionar parte de seus problemas e favorecer seu desenvolvimento futuro.

Contudo, mesmo com a nova dieta, Sophia não engordava. O desespero tomou conta de mim. Convenci meu esposo de que não podíamos mais ajudá-la sozinhos em casa; ela precisava de intervenção hospitalar urgente. Conscientes de todos os riscos, mas orientados pela pediatra, levamo-la ao Pronto Socorro da Universidade Federal de Uberlândia no dia 08 de maio de 2020. Sabíamos que lá encontraríamos os especialistas necessários para lidar com aquela situação tão crítica.

O Pré-operatório: Entre a Espera e a Esperança

Ao darmos entrada no Hospital de Clínicas da UFU por volta das 14h, Sophia foi imediatamente encaminhada para internação. Devido à sua condição cardíaca e às diversas limitações, fomos transferidos para a ala pediátrica no mesmo dia.

A equipe médica — composta por cardiologistas, nutricionistas e gastropediatras — foi unânime: a situação de desnutrição e desidratação era grave. Ficou claro que ela não poderia mais ser assistida apenas em casa; era necessário o suporte hospitalar. Dra. L.G., que a acompanhava desde o nascimento, coordenava a equipe, o que nos trazia uma camada extra de confiança.

Nesse período, eu entrava no meu sétimo mês de gestação do José Felipe. Foi uma fase exaustiva, física e emocionalmente. O medo de perder a Sophia, aliado ao risco constante de contrairmos COVID-19 em um ambiente de alta exposição, pesava sobre nós. Mas, mais uma vez, fomos guiados pela fé. Entregamos tudo nas mãos de Deus e seguimos lutando.

A preocupação com meus dois filhos mexia profundamente com o meu emocional. Além do cansaço extremo e da barriga já pesada, enfrentávamos o rigoroso frio do inverno dentro das alas hospitalares. Na primeira semana, insisti em passar as noites ao lado dela, mas o sono era impossível. Sophia estava se adaptando a uma nova dieta e o refluxo era constante; eu vivia em alerta, temendo que ela sufocasse devido à sua fraqueza muscular.

Os desafios da recuperação

O processo de fortalecimento foi lento e delicado. Sophia enfrentava múltiplos obstáculos:

- Glicemia e Batimentos: Ambos estavam baixos devido à desnutrição severa.
- Intoxicação: Detectaram uma reação adversa a um medicamento cardíaco.
- Dificuldades Digestivas: Ela sofria para ingerir água e processar a dieta aumentada.

O organismo dela tinha um ritmo próprio; nada podia ser apressado, sob o risco de seu corpo rejeitar o tratamento. Em meio a tudo isso, meu próprio corpo deu um sinal de alerta. Comecei a perder líquido amniótico e o medo de um parto prematuro me apavorou. Meu ginecologista foi enfático: eu estava proibida de dormir no hospital. A partir de então, meu esposo passou a cobrir as noites, enquanto eu ficava com ela durante o dia. Contamos com o apoio fundamental de nossas mães para nos ajudar a organizar a rotina nesse período turbulento, permitindo que nos mantivéssemos "firmes como leões" no cuidado com a Sophia.

Pequenas Vitórias e Grandes Alegrias

Apesar das lutas, vivemos momentos de pura felicidade no hospital. Com o foco total nela, pudemos curtir cada pequeno progresso. Sophia voltou a sorrir à medida que recuperava as forças. Na hora do banho, sua alegria era contagiante; no berço, ela brincava e rolava, demonstrando uma vontade imensa de viver. Seu tronco estava ficando mais firme e ela já conseguia se equilibrar sentada — uma vitória celebrada com muito amor.

Outro marco foi a introdução das papinhas. Ver a felicidade dela ao arregalar os olhos ao ver a vasilha de comida era emocionante. Naqueles instantes, eu fechava os olhos e imaginava nossa família reunida em casa: Sophia comendo bem e interagindo com o pequeno José Felipe.

Dra. L.G. nos orientou que a cirurgia cardíaca deveria ocorrer antes do nascimento do nosso filho, para que pudéssemos dar a atenção necessária à recuperação dela. Sabíamos que o desafio seria grande, especialmente pelo risco da intubação em uma criança hipotônica, mas estávamos confiantes. A fé em Deus nos dava a certeza de que o tempo das vitórias estava chegando.

A Vitória da Cirurgia Cardíaca

Recordo-me de que Sophia deu entrada na pediatria da UFU pesando apenas 3,8 quilos, aos um ano e quatro meses de idade. Naquelas circunstâncias, cada grama conquistado era motivo de uma celebração genuína. O acompanhamento era rigoroso e, a cada dois dias, aguardávamos a pesagem com o coração esperançoso; se o ponteiro subisse, por mínimo que fosse, comemorávamos como uma grande vitória.

Após quase dois meses de hospitalização, finalmente recebemos alta no dia 26 de junho de 2020, com Sophia pesando 4,5 quilos. Fomos transferidos de ambulância para o hospital onde seria realizada a cirurgia. Durante o trajeto, ela ficou encantada ao ouvir os sons do trânsito; seu olhar atento denunciava que ela sabia que o tempo de reclusão havia ficado para trás. Apesar das lutas, sua alegria de viver e seu bom humor eram contagiantes.

A Cirurgia

Fomos encaminhados diretamente para a UTI pediátrica de outro hospital para os preparativos finais. Era um momento de extrema tensão; um filme passava em minha mente, pois estávamos retornando ao local onde tudo começou: o hospital de seu nascimento. A equipe médica nos recebeu com alegria ao notar o progresso dela, realizou os exames necessários e a encaminhou para o centro cirúrgico.

O procedimento ocorreu às 6h da manhã do dia 30 de junho de 2020. Dr. C.R. e sua equipe realizaram a correção da Persistência do Canal Arterial (PCA). Por volta das 9h30, o médico nos encontrou na porta da unidade com notícias esperançosas: "A cirurgia foi um sucesso!"

A Nova Fase: O Encontro das Promessas

Com Sophia finalmente em casa e recuperada, retornei ao mesmo hospital no dia 13 de julho de 2020 — desta vez para o nascimento do nosso menino, José Felipe. Com ele, a experiência foi completamente diferente: nasceu transbordando saúde, com 3,6 quilos, e mamou em meu peito logo no primeiro dia, assim que fomos levados para o quarto. Mais uma vitória, mais uma bênção extraordinária de Deus em nossas vidas!

Como a equipe do hospital já conhecia a nossa história e as batalhas que travamos ali, nosso quarto parecia o de uma celebridade. Constantemente, alguém aparecia para conhecer o irmãozinho da Sophia Luna e parabenizar o casal que, por seis meses, percorreu aqueles corredores lutando pela vida da primogênita. Foi um turbilhão de emoções indescritíveis.

Devido aos cuidados especiais que Sophia exigia em casa, meu esposo não pôde me acompanhar no parto; ele ficou com ela e minha sogra, enquanto minha mãe me dava suporte na maternidade. O mais importante é que o Senhor ouviu nossas orações e tudo correu perfeitamente. No dia 16 de julho, retornamos para casa e elevamos um clamor de gratidão por estarmos, finalmente, com nossos dois filhos juntos sob o nosso teto. Era o que mais almejávamos.

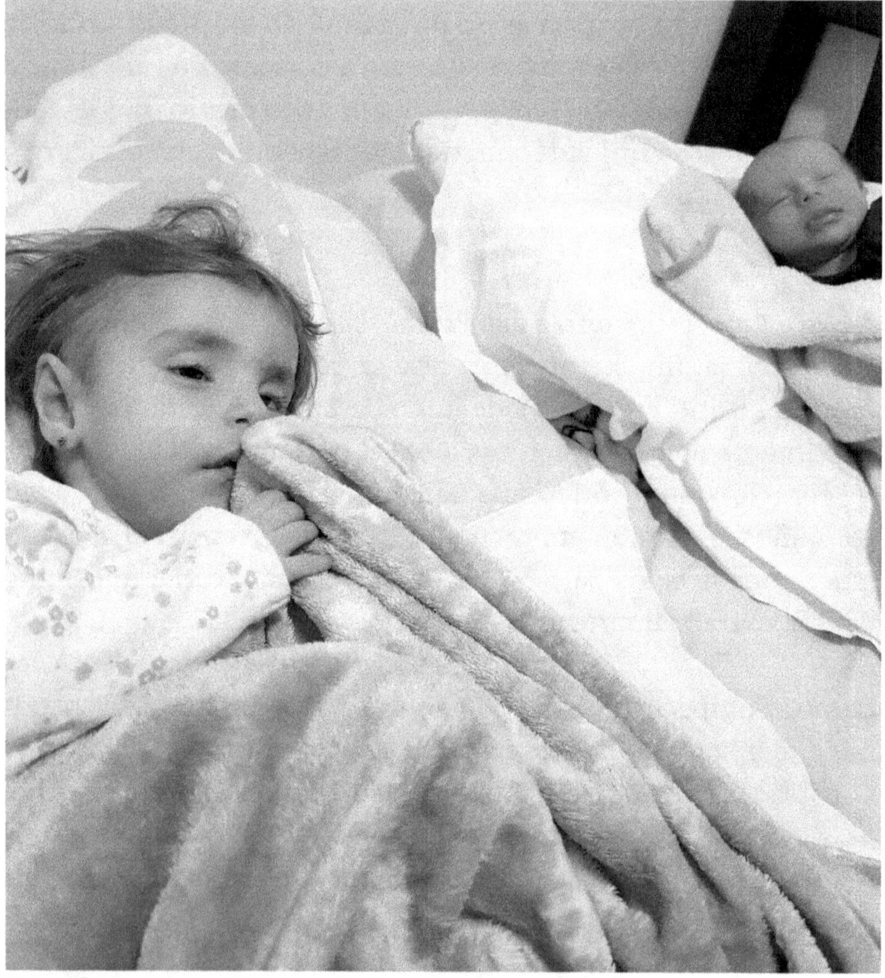

Desafios e Descobertas da Dupla Maternidade

A recuperação da cesariana impôs um limite doloroso: eu não

podia carregar Sophia no colo inicialmente. Meu coração ansiava por abraçar meus dois pequenos simultaneamente. Embora sentisse que "curtia" menos a Sophia naquele período de resguardo, meus olhos jamais saíam dela; eu monitorava cada som e cada movimento, auxiliando meu esposo sempre que José Felipe permitia uma pausa.

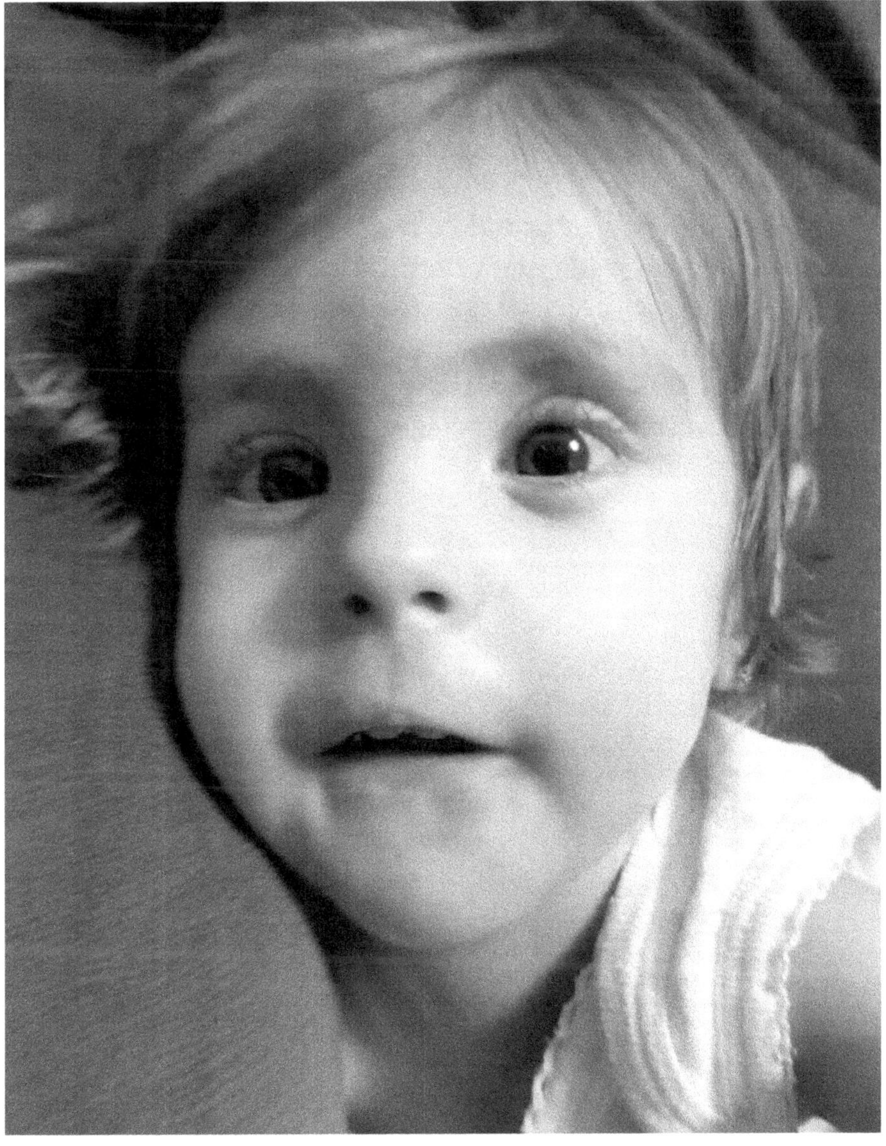

Recordo-me de um momento marcante: durante uma sessão de fisioterapia da Sophia, fui ao quarto amamentar o José. Quando ele dormiu e eu voltei para a sala, Sophia me lançou um olhar curioso, com os olhos bem arregalados, como se questionasse: "O que está acontecendo? Quem é esse novato que está tomando o tempo da minha mãe?" Era o início de uma nova dinâmica familiar.

Viver os primeiros dias do José Felipe em casa era um presente, algo que nos foi privado no nascimento da Sophia. Apesar da rotina exaustiva de adaptação, era maravilhoso cuidar dos dois. Sair de casa, porém, exigia uma operação de guerra: além das bolsas de bebê, levávamos todo o suporte da Sophia. Adaptamos a bomba de infusão de dieta no bebê-conforto dela, já que ela ainda não andava e precisava se alimentar a cada três horas, com a dieta infundindo por uma hora e meia. Esse cronograma nos deixava com pouco tempo para qualquer outra atividade, e as saídas eram restritas ao essencial, especialmente devido às precauções da pandemia.

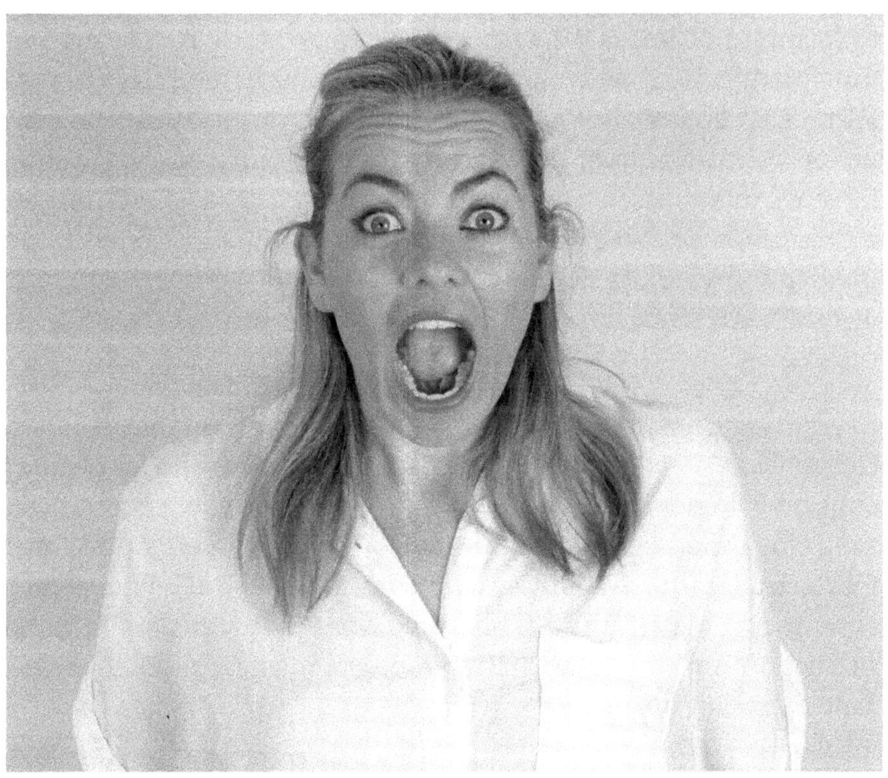

O Inesperado: Uma Nova Corrida contra o Tempo

Cerca de três semanas após a nossa chegada em casa, algo preocupante aconteceu. Sophia apresentava um odor forte na urina e, imediatamente, o "sexto sentido" materno nos alertou para uma possível infecção. Respiramos fundo e corremos para a pediatra. Os exames foram colhidos no fim de semana, mas os resultados só ficaram prontos três dias depois, confirmando a temida infecção urinária. Como a médica titular estava fora da cidade, ela analisou o laudo via WhatsApp e nos orientou a buscar o Pronto Socorro.

Embora o receio da COVID-19 nos assombrasse, seguimos a orientação. Consultamos o plantonista, Dr. J.B., enquanto mantínhamos nossa filha protegida dentro do carro. Ele sugeriu uma medicação injetável, mas o medo me fez hesitar. Liguei para a Dra. L.G., sua cardiologista, que interveio prontamente; ela explicou ao colega que, devido à magreza acentuada de Sophia, injeções intramusculares seriam muito agressivas. Ela orientou a prescrição de um antibiótico específico e, apesar do alerta do médico sobre a falta do remédio nas farmácias, mantivemos a fé de que o encontraríamos.

No dia seguinte, percorremos diversas drogarias, mas a busca foi em vão. Decidimos, então, pagar uma consulta particular com o urologista dela, Dr. R.F. Após examiná-la, ele prescreveu uma nova medicação com um aviso severo: "Se ela apresentar febre, tragam-na imediatamente para o hospital". Para nosso desespero, esse segundo antibiótico também estava em falta no mercado. Tentamos retornar ao médico, mas ele já havia encerrado o expediente.

Sem tempo a perder, recorremos novamente à Dra. L.G., que nos forneceu uma terceira receita. Finalmente conseguimos comprar o medicamento e iniciamos o tratamento. Contudo, no nono dia, Sophia começou a vomitar. A pediatra sugeriu observação, acreditando ser um sintoma da própria infecção.

O sinal de alerta

A quinta-feira seguiu tensa. Sophia não retinha nada do que tentávamos infundir pela sonda. Sua saturação marcava níveis baixos no oxímetro, mas sua pele parecia normal, o que nos fez questionar se o aparelho estaria com defeito. Durante a tarde, a fonoaudióloga da Home Care a avaliou e não detectou ruídos no peito, mas algo mais grave surgiu: Sophia expeliu uma secreção marrom, com vestígios de sangue. Ela estava inquieta, demonstrando uma agonia que não era comum ao seu temperamento dócil.

Olhei para o meu esposo e disse: "Tem algo errado. Ela está com dor ou dificuldade para respirar. Vamos agora para o hospital".

Demos entrada no Pronto Socorro na tarde do dia 27 de agosto de 2020. Foi um momento de partir o coração: meu marido precisou ficar no carro com o pequeno José Felipe, que ainda não aceitava fórmulas e dependia exclusivamente da amamentação. Eu me sentia dividida e angustiada pelos dois, mas não podia sair do lado da Sophia. Eu precisava descobrir o que estava acontecendo e lutar pela vida da nossa menina.

O Retorno ao Vale: A Dor da Reinternação

Ao darmos entrada no Pronto Socorro, enfrentamos a lentidão da troca de turno. Sophia tornava-se cada vez mais agoniada, expelindo aquela secreção marrom que tanto nos assustava. O médico solicitou exames urgentes, incluindo o de COVID-19. Pedi desesperadamente por um cateter de oxigênio, mas, na falta de um no pronto atendimento, improvisaram uma máscara de inalação. Sophia, em sua angústia, tentava retirá-la, e eu, com o coração partido, precisava segurá-la, sabendo que aquele desconforto era para o seu próprio bem.

As dificuldades aumentavam: a equipe do laboratório não conseguia puncionar suas veias, que sempre foram finas e frágeis. Vendo o sofrimento da minha filha, supliquei para que chamassem a equipe da UTI Pediátrica, que já a conhecia. Quando a enfermeira da unidade chegou e viu o estado de Sophia, agiu prontamente. A Dra. F.C., chefe do plantão, mesmo sem leitos disponíveis, conseguiu um "encaixe" para salvá-la. Enquanto elas a recebiam, corri para resolver a burocracia da internação.

O Dilema de uma Mãe

Na recepção, avistei meu esposo com o pequeno José Felipe, de apenas 40 dias, no colo. Ele tentara alimentá-lo com fórmula, mas o bebê rejeitava. Combinei que, assim que terminasse a papelada, iria ao carro amamentá-lo. Pedi que ele o tirasse dali imediatamente, temendo a exposição ao vírus da pandemia.

Ao retornar à Unidade de Tratamento, um filme doloroso passou por minha mente. Ver Sophia internada novamente no lugar onde tudo começou foi devastador. Ela estava sendo aspirada e usava a máscara de oxigênio; sua saturação estabilizara em 90. Aproximei-me, querendo desesperadamente pegá-la no colo, mas sua agitação era tamanha que tive medo de que o esforço prejudicasse ainda mais sua respiração. Limitei-me a fazer carinho e orar, tentando acalmá-la com minha voz.

A tensão atingiu o ápice quando sua saturação caiu bruscamente. A Dra. F.C. providenciou o cateter de oxigênio, e o espectro da intubação rondou a sala. A médica temia que, devido à hipotonia, ela não conseguisse despertar do tubo. Felizmente, a saturação estabilizou e ela foi suavemente sedada para repousar.

O Olhar que Fala

Sophia ardia em febre, atingindo os 39 graus. Enquanto aguardávamos o antibiótico intravenoso chegar da farmácia, olhei fixamente para ela e vi uma tristeza profunda em seu olhar. Senti que ela não queria mais estar ali. Agora que conhecera a liberdade do lar e o aconchego da família, o ambiente hospitalar parecia-lhe uma prisão de memórias dolorosas.

Lembrei-me de cada luta que ela já havia vencido: as sondas ao nascer, o procedimento no freio lingual, as incontáveis picadas — inclusive em sua cabecinha — para achar uma veia, o cateter central que lhe causara um torcicolo persistente, as transfusões, o pavor das aspirações e o incômodo do suspensório no quadril.

Eu sabia que cada procedimento fora feito por profissionais visando sua cura, mas, naquela noite, meu coração questionava: por que ela, tão inocente, precisava passar por tudo aquilo novamente após uma cirurgia tão invasiva? Orei por misericórdia. O que mais me machucou foi ver uma lágrima descer de seu olho — algo raríssimo, pois Sophia nascera com o canal lacrimal obstruído e raramente chorava, sendo sempre uma criança de uma força silenciosa e dócil.

Pedi para passar a noite com ela, mas, devido à lotação da UTI e aos protocolos da COVID-19, a permissão foi negada. Fiquei ao seu lado até as 23h, quando troquei de lugar com meu marido para que ele pudesse se despedir dela antes de irmos para casa. Ele também notou a tristeza e as lágrimas em seu rosto. Com o coração apertado, decidimos retornar para casa, depositando, mais uma vez, toda a nossa confiança em Deus e na equipe médica, na esperança de um novo dia.

O Dia em que o Céu se Abriu para Sophia

Na manhã de 28 de agosto de 2020, despertei às 6h. Amamentei o pequeno José Felipe, organizei as roupas da Sophia e comecei a me preparar para ir ao hospital. Por volta das 7h, movida pela inquietação, liguei para o telefone pessoal de uma das técnicas de enfermagem. Ela informou que Sophia permanecia sob medicação e que a febre, ainda alta, aguardava o efeito do antibiótico.

Às 7h30, liguei para a UTI. Eu precisava saber se já poderia estar ao lado da nossa filha, mas a secretária pediu que eu aguardasse o retorno da chefe de enfermagem após a "corrida de leito". A agonia crescia dentro de mim. Por volta de 8h30, o telefone tocou. A voz do outro lado disse apenas que eu deveria ir ao hospital imediatamente, pois Sophia havia piorado. Naquele instante, meu mundo desabou; o pressentimento da perda me atravessou como um golpe.

Deixamos nosso filho com a avó paterna e corremos. Fomos recebidos na sala de recepção da UTI — o local onde as notícias mais difíceis são entregues. Entramos firmes, segurando nas mãos de Deus, pois sabíamos que não podíamos fraquejar, embora estivéssemos destruídos por dentro.

A Dra. F.C. e o Dr. H.C. nos chamaram. Antes que dissessem qualquer palavra, perguntei o que meu coração já temia: "Ela faleceu?". A médica, com serenidade, pediu que ouvíssemos o relato: Sophia enfrentara uma febre persistente de 40 graus durante a madrugada. Os exames detectaram anemia, mas a febre impedia a transfusão imediata. Pela manhã, quando finalmente transfundiram o sangue, seu pequeno corpo não resistiu. Nossa menina partiu às 8h, vítima de uma infecção generalizada.

A Dor da Partida

O desejo que me vinha era de gritar, de arrancá-la dali e nunca mais soltar. Arrependi-me amargamente de não ter dado aquele último abraço na noite anterior — aquele que neguei para não a agitar. Meu esposo, em choque, questionava os médicos sobre a segurança que sentira horas antes, confiante de que ela iria ficar bem. Diante da pergunta dolorosa da médica sobre por que não a levamos antes, explicamos a cronologia: Sophia estava sendo medicada e, até a quarta-feira, ela sorria e brincava no sofá de casa, sem febre ou qualquer sinal de alerta.

Fomos levados para vê-la. Fiquei paralisada, olhando para o rosto da minha pequena guerreira. Meu esposo a abraçou em um pranto profundo. Notei que faltava um de seus dentinhos da frente e soube que ele caíra durante a tentativa desesperada de intubação no momento do socorro.

Abracei Sophia e senti seu corpinho ainda morno; a vida havia acabado de deixá-la. Em meio ao pranto, um pensamento me consolou: Deus, em Sua infinita misericórdia, poupou-nos de presenciar as cenas de ressuscitação e socorro, que seriam traumas ainda maiores. Ele nos permitiu a despedida na noite anterior, enquanto ela ainda estava estável.

Viver aquilo parecia um pesadelo do qual eu queria acordar. Em todas as batalhas anteriores, Sophia superara o impossível. Acreditávamos piamente que ela venceria mais esta luta, mas a batalha final não pertencia a nós, nem aos médicos. Pertencia a Deus. É Ele quem dá e Ele quem tira a vida; somente Ele detém a soberania sobre todas as coisas.

A Escola da Vida e o Legado de Sophia

Apesar da dor indescritível, sempre fomos gratos a Deus pelo tempo que Ele nos permitiu passar ao lado de Sophia. Em sua luta constante pela sobrevivência, ela foi uma guerreira; nunca desistiu e, por meio do seu exemplo, não nos deixou desanimar. Sophia nos ensinou o verdadeiro significado de ser pai e mãe, pois é no cadinho do sofrimento que a paternidade e a maternidade se revelam em sua essência.

Eu, meu esposo e tantos pais que conhecemos nos corredores dos hospitais, sabemos que criar um filho com a saúde debilitada exige uma entrega total. Ali, naquele mundo de crianças que lutam por cada fôlego, aprendemos a dar valor à vida em sua forma mais simples. Aprendemos a glorificar a Deus por cada respiração e por cada órgão saudável que Ele nos concede. Naquela "escola", comemoramos cada pequeno progresso como se fosse único.

Essa vivência nos fortaleceu e nos preparou para sermos pais do José Felipe. Agradecemos a Deus por nos confiar a vida de duas crianças abençoadas e pela oportunidade maravilhosa de termos segurado Sophia Luna em nossos braços durante seu curto, mas eterno, período de existência.

O Luto

Apesar da nossa gratidão, o pós-partida de Sophia nos deixou profundamente abalados. A cada dia, a realidade da ausência se tornava mais pesada. O quartinho vazio, as roupas guardadas, os materiais de cuidado, os horários de banho e os medicamentos agora em silêncio... cada lembrança nos dilacerava por dentro.

Precisávamos aceitar a soberania de Deus e nos lembrar de que Ele nos concedera uma nova chance através do José Felipe. Isso nos sustentava, mas a perda de nossa filha de um ano e sete meses é uma bomba que devasta o interior. Cheguei a pensar que não suportaria. A motivação desapareceu; a vontade de sorrir ou de realizar as tarefas diárias se esvaiu. Eu agia por obrigação, mas a vida havia perdido a cor. Era como habitar um pesadelo constante.

Houve dias em que até o simples ato de tomar banho parecia um esforço hercúleo, mas eu o fazia por causa do nosso menino recém-nascido, que dependia da minha amamentação. Parecia que uma escuridão havia se instalado em nossa casa. Éramos acometidos por lembranças das batalhas de Sophia e, por vezes, o sentimento de derrota tentava nos convencer de que todo o esforço fora em vão.

Em minha fragilidade, tive vontade de questionar a Deus, mas o temor ao Senhor me calava; eu não queria que minha dor soasse como murmuração. O nosso Pai, em Sua infinita misericórdia, manteve-me firme através da fé. Nas madrugadas, enquanto amamentava o José Felipe, minhas orações eram incessantes e fervorosas. Cada lágrima derramada era uma frase dirigida ao céu, sempre com a Bíblia em minhas mãos como o meu único refúgio.

COMO A MINHA VISÃO MUDOU?

Foi esse apego profundo às Escrituras que me permitiu conectar-me ao Pai de uma forma inédita. Ali, comecei a desenvolver uma visão diferente sobre o mundo espiritual. Descobri que a direção divina é o único caminho para vencermos as batalhas diárias contra as fraquezas da carne e as adversidades dos nossos desertos. Notei um segredo espiritual: quanto mais eu agradecia e menos reclamava, mais fortalecida eu me tornava. Curiosamente, era nos momentos em que minhas lágrimas desciam que eu mais sentia a presença de Deus inundando a minha vida e a minha casa.

Devido à pandemia e ao luto, eu não saía de casa, mas buscava ao Senhor diariamente. Transformei minha rotina através de louvores, adoração e leituras constantes da Bíblia — especialmente o livro de Salmos. Ao priorizar a Deus, minha vida espiritual foi completamente restaurada.

Sempre nutri o desejo de escrever um livro, mas, inicialmente, ao tentar registrar a história da Sophia, eu desabava em lágrimas e não conseguia prosseguir. Contudo, o Deus em quem confio me curou gradualmente, de dentro para fora. A cada vez que eu sentia o toque do Espírito Santo, Ele me direcionava sobre o que ler e o que escrever, alimentando-me e guiando as minhas mãos.

Percebi, então, que meu testemunho unido à Palavra de Deus poderia ser um bálsamo para outras pessoas que enfrentam situações difíceis. Entendi que tudo o que vivi faz parte de um processo de cura, aprendizado e direcionamento para disseminar o Evangelho, para que o nome do Senhor seja glorificado. Glórias a Deus!

Reflito muito sobre a passagem da "cura do cego de nascença". Quando os discípulos perguntaram a Jesus se o homem era cego por causa de seus pecados ou de seus pais, o Mestre respondeu: *"Nem ele pecou, nem seus pais; mas foi assim para que se manifestem nele as obras de Deus"* (Jo 9:1-3).

Esses versículos nos mostram que Deus opera em nós segundo os Seus propósitos. Cabe a nós aceitarmos a Sua vontade e buscarmos enxergar o lado espiritual de tudo o que atravessamos. Estou de pé porque o Senhor me sustentou e dissipou a escuridão que tentava anular a minha alegria de viver. Aprendi que, mesmo no sofrimento, podemos experimentar o melhor de Deus e que somos plenamente capazes de recomeçar quando aprendemos a ouvir a Sua voz.

Assim como o Senhor me curou e me libertou da tristeza profunda, sei que Ele pode curar você também. E se você ainda não atravessou as grandes tribulações da vida, não espere pela dor para perceber o quanto necessita do Criador. Entregue-se a Ele por amor. Faça de Deus a sua prioridade absoluta!

Não adie a oportunidade de conhecer a Cristo profundamente. Busque hoje a salvação da sua alma; não procrastine essa decisão. Tome uma atitude agora, pois não sabemos quando terminará a nossa peregrinação nesta terra.

POR QUE DEVEMOS BUSCAR A DEUS?

Abaixo, listo cinco motivos fundamentais para buscarmos ao Senhor. É de suma importância refletir sobre estas palavras para compreendermos a profundidade do amor de Deus e Sua capacidade de agir na vida daqueles que n'Ele esperam.

1. Pelo Temor e Respeito ao Pai

Devemos buscar a Deus por temor, que não significa medo de castigo, mas um respeito profundo às Suas leis. Jesus foi claro: "Amarás o Senhor teu Deus de todo o teu coração, e de toda a tua alma, e de todo o teu pensamento. Este é o primeiro e grande mandamento" (Mt 22:37-38). Deus deseja ser a prioridade em nossa vida e ser reconhecido como o único Criador. A Escritura afirma: *"Bem-aventurado aquele que teme ao Senhor e anda nos seus caminhos"* (Sl 128:1).

2. Pela Salvação da Alma

Assim como temos consciência da finitude física, precisamos ter da vida eterna. Entregar-se a Jesus é conquistar o galardão celestial. Deus testifica que a vida eterna está em Seu Filho: *"Quem tem o Filho tem a vida; quem não tem o Filho de Deus não tem a vida"* (1Jo 5:11-12).

3. Pelo Direcionamento do Espírito Santo

Antes de Sua partida, Jesus prometeu o Consolador: o Espírito Santo. *"Convém que eu vá; porque, se eu não for, o Consolador não virá a vós; mas, se eu for, enviar-vo-lo-ei [...] quando vier aquele Espírito de verdade, ele vos guiará em toda a verdade"* (Jo 16:7-13). Sem Ele, estamos órfãos de direção; com Ele, somos guiados em justiça.

4. Por Livramento Espiritual

Precisamos de proteção contra o adversário, que busca nos condenar e roubar nossa paz. Ao buscarmos a Deus, estreitamos o relacionamento com Ele e somos guardados no mundo invisível. *"Aquele que habita no esconderijo do Altíssimo, à sombra do Onipotente descansará"* (Sl 91:1).

5. Para Vencermos o Mundo

Nossa peregrinação é repleta de tribulações e as fraquezas da carne gritam em meio ao sofrimento. Contudo, pela fé em Cristo, somos feitos herdeiros e vencedores. *"Porque todo o que é nascido de Deus vence o mundo; e esta é a vitória que vence o mundo, a nossa fé"* (1Jo 5:4-5).

O Exemplo de Cristo no Deserto

Nem mesmo Cristo foi poupado de perseguições. Sua vitória residiu em Sua conexão constante com o Pai. O Novo Testamento nos mostra como Ele reinou sobre as tentações através de oração, jejum e conhecimento da Palavra.

Em Mateus 4, vemos Jesus sendo conduzido ao deserto. Após quarenta dias de jejum, no ápice de Sua fome física, o tentador apareceu. Isso nos ensina que o inimigo ataca estrategicamente em nossos momentos de vulnerabilidade. Satanás tentou plantar a dúvida: *"Se tu és Filho de Deus, manda que estas pedras se tornem em pães"*. Mas Jesus respondeu com autoridade: *"Nem só de pão viverá o homem, mas de toda a palavra que sai da boca de Deus"* (Mt 4:4).

A vitória de Jesus no deserto demonstra que o sofrimento físico pode fortalecer o espírito. Ele expulsou o adversário dizendo: *"Vai-te, Satanás, porque está escrito: Ao Senhor teu Deus adorarás, e só a ele servirás"* (v. 10). Se o inimigo ousou tentar o próprio Filho de Deus, conosco não será diferente.

A Guerra Invisível

Não podemos ignorar a milícia espiritual em que estamos inseridos. O livro de Jó (1:6-7) revela que Satanás rodeia a terra buscando brechas. Ele é o acusador que tenta provar que nossa fidelidade depende apenas das bênçãos recebidas. O objetivo do maligno é nos induzir ao erro para nos afastar da presença do Pai.

Por isso, precisamos estar prontos. Como nos alerta o apóstolo Pedro: *"Sede sóbrios; vigiai; porque o diabo, vosso adversário, anda em derredor, bramando como leão, buscando a quem possa tragar"* (1Pe 5:8). Nossas armas não são humanas, mas espirituais: *"Porque as armas da nossa milícia não são carnais, mas sim poderosas em Deus para destruição das fortalezas"* (2Co 10:4).

NÃO DÊ OPORTUNIDADE AO INIMIGO

De acordo com as Escrituras, não devemos temer o inimigo, mas sim fugir do pecado e resistir ao diabo. Para isso, é essencial vigiar constantemente e fechar todas as oportunidades de ataque do nosso adversário. Não podemos subestimá-lo; é preciso transformar nossos comportamentos, atos e pensamentos, pois estamos expostos às tentações do mundo.

Devemos tomar como exemplo as obras de Jesus. Através do amor e da humildade, Ele demonstrou que a mansidão é o caminho para o descanso da alma. Ele mesmo nos garantiu: *"Porque o meu jugo é suave e o meu fardo é leve"* (Mt 11:29-30). Nada se torna pesado demais quando estamos na presença do Pai. Ao compreendermos que nossa família, trabalho e relacionamentos são permissões divinas, a gratidão floresce. Não devemos reclamar, independentemente da situação; nos planos do Senhor, tudo tem um propósito. Quanto maior a prova, maior será o testemunho.

O Perigo da Murmuração

O povo de Israel, guiado por Moisés no deserto, despertou a ira de Deus por sua insatisfação constante. Mesmo vendo os sinais do agir divino e recebendo o relatório de que a terra prometida verdadeiramente "manava leite e mel" (Nm 13:27), eles murmuraram e infamaram o lugar. Como consequência, Deus não permitiu que aquela geração entrasse na terra da promessa.

A nossa língua, quando descontrolada, abre portas para o inimigo nos prejudicar. Tropeçamos nas palavras não apenas ao reclamar, mas ao falar mal do próximo, espalhar mentiras, acusar ou criticar. O adversário usa bocas alheias e mentes enfraquecidas para denegrir e invejar, tentando anular a nossa fé. Se buscamos intimidade com Deus, não podemos ceder a essas fraquezas.

A Bíblia é enfática sobre esse membro imprevisível do corpo: *"Mas nenhum homem pode domar a língua. É um mal que não se pode refrear; está cheia de peçonha mortal. De uma mesma boca procede bênção e maldição. Meus irmãos, não convém que isto se faça assim"* (Tg 3:8-10).

O Poder do Perdão e da Mansidão

Em vez de maldição, devemos usar nossa boca para abençoar, inclusive aqueles que nos perseguem. No Calvário, enquanto era crucificado, Jesus clamou: *"Pai, perdoa-lhes, porque não sabem o que fazem"* (Lc 23:33-34). A mansidão de Cristo foi tão sublime que Ele foi capaz de perdoar no auge de Sua agonia.

Ao lado de dois malfeitores, Jesus ouviu o clamor de um deles: *"Senhor, lembra-te de mim, quando entrares no teu reino"* (Lc 23:42). Mesmo em dor extrema, Jesus teve autoridade para reconhecer o arrependimento daquele homem e prometeu: *"Em verdade te digo que hoje estarás comigo no paraíso"* (v. 43).

Este comportamento demonstra a autoridade espiritual de Jesus sobre Sua própria carne — um exemplo que devemos refletir e imitar. Quando perdoamos verdadeiramente, demonstramos amor ao próximo e fechamos as portas para os espíritos de contenda. Como ensinou o Mestre: *"Amarás ao teu próximo como a ti mesmo"* (Mt 22:39).

DEUS BATALHA
POR NÓS
CONSTANTEMENTE

Além de ser infinitamente misericordioso, Deus nos revela a Sua onipresença e onipotência em cada detalhe da nossa existência. Ele tudo vê e está conosco o tempo todo. Mesmo antes do nosso nascimento, Ele já velava por nós, concedendo-nos livramentos ainda no ventre materno. Nada, absolutamente nada, fica encoberto aos olhos do Altíssimo.

A Bíblia é clara ao descrever esse cuidado íntimo: *"Entreteceste-me no ventre de minha mãe. Os meus ossos não te foram encobertos, quando no oculto fui formado [...] Os teus olhos viram o meu corpo ainda informe [...] Sonda-me, ó Deus, e conhece o meu coração; prova-me e conhece os meus pensamentos"* (Sl 139:13-23).

Essa proteção é ininterrupta, como nos garante o salmista: *"Não deixará vacilar o teu pé; aquele que te guarda não tosquenejará. Eis que não tosquenejará nem dormirá o guarda de Israel"* (Sl 121:3-4). E o profeta Isaías reforça: *"Não sabes, não ouviste que o eterno Deus, o Senhor, o Criador dos fins da terra, nem se cansa nem se fatiga? [...] Dá esforço ao cansado e multiplica as forças ao que não tem nenhum vigor"* (Is 40:28-29).

Ao meditarmos nessas palavras, somos envolvidos por um sentimento de segurança. Elas nos fazem refletir sobre o quanto somos guardados e sobre como Deus batalha por nós no mundo invisível. Compreendemos que Sua presença é o que sustenta a nossa vida; sem o Criador, muitos de nós sequer teríamos nascido. Isso é de uma profundidade extraordinária!

Se Deus retirasse a mão que nos guarda, ficaríamos totalmente expostos e vulneráveis às investidas espirituais. Seria como caminhar em meio a um tiroteio sem coletes de proteção ou enfrentar uma guerra sem escudo. É a Sua onisciência e o Seu conhecimento universal que nos cercam. Ninguém é capaz de mensurar a Sua inteligência: *"Grande é o nosso Senhor, e de grande poder; o seu entendimento é infinito"* (Sl 147:5).

Eu não sei qual é a situação que você enfrenta neste exato momento, mas Deus sabe. Se você chegou até esta leitura, foi por direcionamento d'Ele. Acredito firmemente que este conteúdo será transformador em sua trajetória.

Desejo ricas bênçãos e a paz de Cristo a todos, especialmente a você que decidiu buscar a Deus e transformar sua vida espiritual. Lembre-se: nada acontece por acaso. Os planos do nosso Criador são sempre maiores e melhores do que os nossos.

2 Reis 6:17 - A Guerra Invisível

RECONHECER A DEPENDÊNCIA EM DEUS

Precisamos reconhecer que tudo o que somos e possuímos provém do Senhor. Devemos cultivar a humildade necessária para assumirmos que, sem Deus, nada somos. Somos pecadores e pó; a prova irrefutável disso é que, ao findar a nossa jornada, apenas o corpo material permanece. Dependemos do Senhor para tudo, inclusive para o simples ato de respirar. O sopro da vida é um presente divino. Cada deitar e cada despertar é um milagre do nosso Pai misericordioso, concedendo-nos uma nova oportunidade de vida, de remissão e de fortalecimento espiritual.

Davi, o homem segundo o coração de Deus, escolhido para reinar sobre Israel, atravessou períodos de extrema turbulência. Ele enfrentou gigantes, perseguições implacáveis, guerras, fraquezas humanas e crises familiares, mas jamais pereceu. O segredo de sua resistência era o reconhecimento constante de sua dependência em Deus. Davi glorificava, salmodiava e louvava ao Senhor em qualquer circunstância, e Deus sempre honrou sua fidelidade.

Um exemplo marcante dessa dependência ocorre no Salmo 63.

Ao fugir para o deserto para evitar um confronto sanguinário com seu filho, Absalão, Davi declarou: *"Porque tu tens sido o meu auxílio; jubiloso cantarei refugiado à sombra das tuas asas. A minha alma te segue de perto; a tua destra me sustenta"* (Sl 63:7-8).

Deus se agrada daqueles que admitem que não são autossuficientes. Não podemos caminhar acreditando que temos o controle total; precisamos do Pai para abrir e fechar as portas em todas as áreas de nossa existência.

O apóstolo Tiago nos adverte sobre a falibilidade humana em projetar o futuro sem consultar o Criador: *"Eia agora vós, que dizeis: Hoje, ou amanhã, iremos a tal cidade, e lá passaremos um ano, e contrataremos, e ganharemos"* (Tg 4:13). Esta é uma afirmação equivocada, pois ignora a fragilidade da vida. Não sabemos o que o amanhã nos reserva, nem se estaremos aqui para ver o sol nascer. Por isso, a Escritura nos ensina a postura correta: *"Em lugar do que devíeis dizer: Se o Senhor quiser, e se vivermos, faremos isto ou aquilo"* (v. 15).

Viver sob a dependência de Deus não é sinal de fraqueza, mas de sabedoria. É entregar o leme do nosso barco a Quem conhece o destino e tem poder sobre as tempestades.

Marcos 4:35-41 - Jesus Apazigua a Tempestade

CRER NO INVISÍVEL PELA FÉ

A fé nos contempla com a esperança e nos fortalece nos dias mais sombrios. Sem ela, tornamo-nos incapazes de acreditar em milagres ou bênçãos, pois esquecemos que tudo em nossa existência ocorre segundo a vontade do Pai. Frequentemente, nossa natureza humana anseia por resultados imediatos, mas a Escritura nos adverte: "Confia no Senhor de todo o teu coração, e não te estribes no teu próprio entendimento. Reconhece-o em todos os teus caminhos, e ele endireitará as tuas veredas" (Pv 3:5-6).

Fica claro que precisamos crer para aprender a confiar. Entregar a vida de coração significa não se apoiar na própria lógica, nem se deixar dominar pela ansiedade ou pelas fraquezas, mas repousar na certeza de que Deus colocará cada coisa em seu devido lugar. Nosso Pai deseja que aprendamos a esperar pelo Seu agir, mantendo os olhos fitos no invisível e no impossível.

Quando Jesus anunciava o Evangelho, multidões o seguiam porque o calor da fé se exaltava a cada palavra de amor. Ao curar enfermos, libertar cativos e acolher os oprimidos sem julgamento, Cristo despertou naqueles que Creram a esperança da vida eterna. Como nos ensina o apóstolo Paulo: *"De sorte que a fé é pelo ouvir, e o ouvir pela palavra de Deus"* (Rm 10:17).

Talvez você deseje iniciar uma nova vida e entregar-se a Cristo, mas não se sinta "puro" o suficiente devido a erros do passado. Saiba que Jesus não se detém em suas falhas; Ele busca a sua fé, a sinceridade do seu coração e a persistência da sua busca. Ouça o que o Senhor diz: *"Porei as minhas leis em seus corações, e as escreverei em seus entendimentos; [...] E jamais me lembrarei de seus pecados e de suas iniquidades"* (Hb 10:16-17).

Essa promessa revela quão piedoso é o nosso Deus. Ele nos oferece a oportunidade de abrir o coração para um recomeço. A partir dessa aceitação, a transformação será tão profunda que tudo o que antes o prendia perderá a força. O Espírito Santo o moldará de tal forma que hábitos e vontades dos quais você tentava se libertar há anos — sem sucesso — simplesmente se esvairão. Será algo surpreendente e sobrenatural. Apenas creia!

LIBERTANDO-SE DAS CICATRIZES DO PASSADO

Nossas almas são sedentas de alívio, cura e libertação. Frequentemente, ficamos aprisionados a memórias do passado, aos sofrimentos do presente e às incertezas quanto ao futuro. Esse peso gera inquietações constantes e pensamentos negativos que minam as nossas forças, deixando-nos vulneráveis, a ponto de a esperança ser aniquilada e a nossa alma sucumbir diante dos problemas do mundo.

Jesus, conhecendo a nossa carga, fez o convite definitivo: *"Vinde a mim, todos os que estais cansados e oprimidos, e eu vos aliviarei"* (Mt 11:28).

Para suportar as pressões da vida, precisamos edificar nossa casa sobre a Rocha. Como nos ensina a Palavra: *"Todo aquele, pois, que escuta estas minhas palavras e as pratica, assemelhá-lo-ei ao homem prudente, que edificou a sua casa sobre a rocha; e caiu a chuva, e correram rios, e assopraram ventos, e combateram aquela casa, e não caiu"* (Mt 7:24-25). Se nos prepararmos através das Escrituras e as praticarmos, não pereceremos durante as tempestades; nós resistiremos, pois nada é capaz de derrubar uma vida construída em comunhão com Deus.

Se você atravessa um momento difícil — um vale ou um deserto — ou se carrega traumas do passado que paralisam suas emoções e impedem seu progresso, não se entregue ao sofrimento. Não se feche para a vida. Nas dores profundas, perdemos a capacidade de florescer; ficamos acorrentados, imóveis. Mas Cristo vem para nos libertar. Ele toma providências surpreendentes e nos cura. Somos como rosas que desabrocham ao se entregarem totalmente a Jesus.

Recordo-me do paralítico de Betesda, que esperou 38 anos por uma oportunidade de cura. Ele estava tão condicionado ao seu sofrimento que já não tinha forças para lutar, mas Jesus apareceu e transformou sua história. *"Logo aquele homem ficou são; e tomou a sua cama, e partiu"* (Jo 5:9).

Naquela época, em Jerusalém, o tanque de Betesda era o destino de muitos enfermos que aguardavam o anjo agitar as águas. O primeiro a entrar após o movimento era curado. Jesus, ao ver aquele homem e sabendo do longo tempo de sua enfermidade, perguntou-lhe: *"Queres ficar são?" O enfermo explicou que, por estar sozinho, nunca* conseguia chegar a tempo ao tanque. Jesus, ignorando as limitações físicas do homem, ordenou: *"Levanta-te, toma a tua cama, e anda"* (Jo 5:1-8).

O ACESSO DIRETO AO PAI E A VIDA EM COMUNIDADE

Para falarmos com o nosso Pai, não precisamos de intermediários humanos. Através do sacrifício de Jesus, ganhamos a liberdade de falar diretamente com o Criador, pois o Senhor jamais rejeita uma oração sincera; Ele sempre nos ouve. Como prometeu o Mestre: *"Pedi, e dar-se-vos-á; buscai, e encontrareis; batei, e abrir-se-vos-á"* (Mt 7:7-8).

A Bíblia é categórica: *"Porque há um só Deus, e um só Mediador entre Deus e os homens, Jesus Cristo homem"* (1Tm 2:5). Ele ofereceu um único sacrifício pelos pecados e assentou-se à destra de Deus, abrindo as portas para que nos comunicássemos sem barreiras com o nosso Criador, contamos com a intercessão de Jesus e o consolo do Espírito Santo.

A Importância da Igreja e o Despertar Espiritual

Embora tenhamos esse acesso direto por meio da oração e da leitura bíblica em nossa intimidade, é imprescindível compreendermos o valor da Igreja. É Jesus quem a edifica e a sustenta, como Ele mesmo declarou: *"E sobre esta pedra edificarei a minha igreja, e as portas do inferno não prevalecerão contra ela"* (Mt 16:18).

Participar dos cultos é fundamental para o crescimento espiritual. É através da pregação da Palavra que o despertar acontece, pois a fé vem pelo ouvir. Eu mesma vivi essa experiência: quando fui à igreja, Deus falou ao meu coração através da boca do pastor, revelando o que só eu e o Senhor sabíamos. Na igreja, a nossa visão espiritual é aberta, sentimos a presença do Espírito Santo e muitos recebem revelações, curas físicas e libertação enquanto adoram em unidade com os irmãos. Além do culto, a Escola Bíblica desempenha um papel vital; é o lugar do ensino onde as escamas caem dos nossos olhos para compreendermos os mistérios do Reino.

A Santa Ceia: O Alimento da Aliança

Dentro da vida em comunidade, o momento mais sagrado é a celebração da Santa Ceia. Ela é um ato de obediência que carrega quatro significados essenciais:

1. **Memorial:** Relembramos o sacrifício de Jesus na cruz. Honramos o preço que foi pago por nós.

2. **Comunhão:** Simboliza a unidade. Ao comermos do mesmo pão, declaramos que somos um só corpo em Cristo.

3. **Aliança:** É a renovação do nosso compromisso com Deus selado pelo sangue de Jesus.

4. **Esperança:** É uma celebração de vitória com os olhos no futuro, conforme as Escrituras: *"Porque todas as vezes que comerdes*

este pão e beberdes este cálice anunciais a morte do Senhor, até que venha" (1Co 11:26).

A Igreja é a Noiva de Cristo, sendo preparada para o Seu glorioso retorno. Nela, o trabalho dos pastores e mentores é essencial como autoridade espiritual e estrutura de apoio contra desvios doutrinários. Sua atuação é fundamental nos ensinamentos, na pregação da palavra e na intercessão por cura e libertação. Viver em comunidade fortalece a nossa resistência e nos permite experimentar a plenitude do amor de Deus entre irmãos.

DEUS SE COMUNICA CONOSCO

"Toda a Escritura divinamente inspirada é proveitosa para ensinar, para redarguir, para corrigir, para instruir em justiça" (2Tm 3:16).

Conforme nos revela o apóstolo Paulo nesta carta a Timóteo, Deus utiliza as Sagradas Escrituras para Se comunicar conosco, inspirando-nos e moldando-nos segundo o Seu tempo e a Sua vontade. Embora a palavra "perfeição" nos pareça algo inalcançável — afinal, ninguém é perfeito sob a ótica humana —, espiritualmente sabemos que para Deus tudo é possível. Ele age de forma perfeita, traçando cada detalhe da nossa trajetória minuciosamente.

A Bíblia é repleta de exemplos onde o Senhor dialoga com Seus escolhidos e profetas. No início de tudo, Adão e Eva ouviam a voz do Senhor que passeava no Jardim (Gn 3:8). Deus anunciou o dilúvio a Noé (Gn 6:13-22) e chamou Abraão para uma jornada de promessas e bênçãos (Gn 12:1-3). Ele falou com Moisés no Monte Sinai (Êx 19:3) e revelou Seus anjos a Jacó em um sonho com uma escada que tocava o céu (Gn 28:12-13). O Senhor chegou a usar a boca de uma jumenta para advertir o profeta Balaão, impedindo que Seu povo fosse amaldiçoado (Nm 22:28).

Esses e tantos outros relatos provam que o nosso Criador jamais esteve em silêncio.

O Evangelho é o pão que nos alimenta espiritualmente. A cada mensagem que lemos, somos aproximados de Deus. Ele mesmo nos concede o entendimento necessário para compreender Seus mistérios, abrindo as portas para que recebamos Seu direcionamento e desenvolvamos uma intimidade real com Ele.

Quando iniciei minha caminhada nas Sagradas Escrituras, comecei pelo livro de Salmos. Eu sentia facilidade em compreender as orações e me identificava profundamente com os sentimentos ali expressos. Posteriormente, mergulhei em Gênesis, descobrindo a beleza do começo de todas as coisas. Foi nesse processo que passei a sentir a presença de Deus com intensidade. Ele abriu o meu entendimento de tal forma que, hoje, não consigo mais parar. Todos os dias, sem falta, busco me alimentar desse pão espiritual que sustenta a minha alma.

O MÉTODO: ELO DA INTIMIDADE

"Siga estes passos e contemple a transformação em sua vida..."

O **Método Elo da Intimidade**: Sua Fonte de Superação
Ter intimidade com Deus não significa a ausência de lutas, mas a garantia da vitória sobre cada uma delas. O Elo da Intimidade é o caminho para você construir uma conexão tão profunda com o Criador que nenhum problema, sofrimento ou

deserto será capaz de paralisar a sua caminhada.

Quando você prioriza a Deus, a sua força deixa de ser humana e passa a ser divina.

Siga estes passos e descubra como transformar a dor em testemunho e a fraqueza em poder:

1. Adoração e Exaltação

Inicie adorando a Deus. Glorifique-O e declare o quanto Ele é bom, protetor, misericordioso e maravilhoso. Ouça louvores de sua preferência e leia Salmos que engrandeçam o Senhor. Agradeça por Seu sustento e por mantê-lo (a) firme até aqui.

2. Entrega e Invocação

Entregue-se totalmente, clamando por Sua poderosa presença. Consagre a Deus a sua vida de oração, suplicando por sensibilidade espiritual e pela guia do Espírito Santo, para que Ele o ensine a orar, a ouvir a Sua voz.

Peça que o Senhor fale ao seu coração através das Escrituras, renovando a sua fé. Lembre-se da promessa: *"Ele me invocará, e eu lhe responderei; estarei com ele na angústia; livrá-lo-ei e o glorificarei"* (Sl 91:15).

3. O Esvaziamento

Liberte-se dos pensamentos que o ferem. Esvazie-se de tudo o que for negativo: tristeza, mágoa, rancor, medo e ansiedade. Confesse seus pecados, peça perdão e exteriorize sua angústia. Peça um coração quebrantado e manso, dizendo: "Senhor, esvazia-me de mim e enche-me de Ti, em nome de Jesus".

4. Intimidade e Confidência

Sinta-se à vontade para conversar com o Pai; Ele conhece nossa estrutura e sabe que somos pó (Sl 103:14). Ao sentir a conexão, peça que Ele o toque profundamente. Agradeça a Jesus Cristo, nosso único Caminho, Verdade e Vida (Jo 14:6), pois é através d'Ele que somos reconciliados com o Pai.

5. A Constância na Presença

Esta experiência de conexão gerará uma sede natural por Deus. Ao priorizá-Lo, o vazio será preenchido e a segurança substituirá o medo. Comigo funcionou, e creio que funcionará com você.

Reflexão Final

Deus nos diz: *"Eu fiz a terra, o homem e os animais... pelo meu grande poder... e a dou a quem me agrada"*(Jr 27:5). Reflita: você tem agradado a Deus? O seu compromisso com Ele se traduz em fé, temor a Ele, caridade e amor fraternal? Este agir, embasado na Palavra, é o que nos prepara para a caminhada rumo à vida eterna.

Nesse contexto, destaco nos versos a seguir os ensinamentos das Bem-aventuranças, proferidos por Jesus Cristo aos Seus discípulos no Sermão da Montanha. É fundamental refletirmos sobre cada palavra dita pelo Mestre, pois elas nos direcionam ao entendimento espiritual do que realmente nos conduz à suprema felicidade.

O Sermão da Montanha

E Jesus, vendo a multidão, subiu a um monte, e, assentando-se, aproximaram-se dele os seus discípulos; e, abrindo a sua boca, os ensinava, dizendo:

- Bem-aventurados os pobres de espírito, porque deles é o reino dos céus;
- Bem-aventurados os que choram, porque eles serão consolados;
- Bem-aventurados os mansos, porque eles herdarão a terra;
- Bem-aventurados os que têm fome e sede de justiça, porque eles serão fartos;
- Bem-aventurados os misericordiosos, porque eles alcançarão misericórdia;
- Bem-aventurados os limpos de coração, porque eles verão a Deus;
- Bem-aventurados os pacificadores, porque eles serão chama-

dos filhos de Deus;
•   Bem-aventurados os que sofrem perseguição por causa da justiça, porque deles é o reino dos céus.
(Mateus 5:1-10).

*Viver o **Elo da Intimidade** é, em essência, permitir que estas bem-aventuranças floresçam em nosso caráter diário.*

Momento de reflexão: *O meu Elo da Intimidade*
Após meditar nas palavras de Jesus no Sermão da Montanha, reserve este momento para conversar com o Pai e refletir.

Pergunta para sua alma:
Diante das promessas de Jesus, qual 'bem-aventurança' você mais precisa abraçar hoje para superar sua luta atual? O que muda na sua visão de mundo ao saber que o seu consolo vem do Reino dos Céus?

POR QUE TER UM COMPROMISSO COM DEUS?

Desde o princípio, Deus estabeleceu a importância da ordem e da constância. No livro de Gênesis, vemos o passo a passo da Criação de forma organizada, seguindo um cronograma divino. A repetição das frases "e foi a tarde e a manhã, o primeiro dia... o segundo dia..." até o sexto, revela que o Criador concluiu etapas diárias antes de selar Sua obra.

"E havendo Deus acabado no dia sétimo a sua obra, que tinha feito, descansou no sétimo dia [...] E abençoou Deus o dia sétimo, e o santificou" (Gn 2:2-3).

Deus poderia ter criado tudo em um piscar de olhos, mas Ele escolheu trabalhar minuciosamente ao longo de uma semana. Com isso, Ele nos ensinou que tudo tem o seu tempo e, acima de tudo, demonstrou o Seu compromisso conosco. Ele sacrificou Seu tempo para nos criar. Se Ele mantém esse compromisso diário conosco, por que não faríamos o mesmo por Ele?

Temos compromissos com o trabalho, a família, os amigos e o lazer. Por que a busca pela presença do Pai não teria o mesmo peso em nossa agenda? **Se a semana tem sete dias, devemos buscá-Lo em todos eles, sem exceção.** Não é à toa que a oração do Pai Nosso cita o "pão nosso de cada dia". Nossa alma necessita do alimento espiritual com a mesma urgência que o nosso corpo precisa do pão físico.

Um dos maiores erros do ser humano é recorrer a Deus apenas quando o deserto aperta. Quando temos fome, vamos ao mercado; se adoecemos, buscamos o médico; se o combustível acaba, vamos ao posto. Buscamos soluções imediatas para todas as necessidades físicas, mas negligenciamos a maior de todas: a espiritual. Devemos buscar o Reino de Deus em primeiro lugar, pois todas as outras coisas nos serão acrescentadas (Mt 6:33).

Para reinar sobre os problemas e vencer o mundo, adote este **cronograma de fidelidade:**
1. *Domingo: Busque a Deus e descanse no Senhor;*
2. *Segunda-feira: Busque a Deus e descanse no Senhor;*
3. *Terça-feira: Busque a Deus e descanse no Senhor;*
4. *Quarta-feira: Busque a Deus e descanse no Senhor;*
5. *Quinta-feira: Busque a Deus e descanse no Senhor;*
6. *Sexta-feira: Busque a Deus e descanse no Senhor;*
7. *Sábado: Busque a Deus e descanse no Senhor.*

Ao finalizar esta leitura, você tem em mãos as ferramentas para iniciar uma nova história. Assim como aconteceu comigo, tenho certeza de que o Senhor tocará seu coração no momento certo. Este compromisso abrirá seus olhos espirituais, impedindo que você se perca nas distrações do mundo físico.

Essas distrações muitas vezes ofuscam o agir de Deus. O caminho largo pode parecer mais confortável, mas ele não conduz à vida. *"Porque estreita é a porta, e apertado o caminho que leva à vida, e poucos há que a encontrem"* (Mt 7:14).

No início de tudo, as trevas cobriam o abismo, mas o Espírito de

Deus se movia sobre as águas (Gn 1:2). Da mesma forma, mesmo em um mundo cheio de aflições e cegueira, Deus continua se movendo e batalhando por Sua criação no mundo invisível, trazendo luz para que as almas não se percam.

"Porque éreis como ovelhas desgarradas; mas agora tendes voltado ao Pastor e Bispo das vossas almas" (1Pe 2:25).

Em comunhão com o Pai, o Filho e o Espírito Santo, jamais viveremos desorientados. Encerro este conteúdo com uma pergunta para sua reflexão: *Até quando você aceitará viver como uma ovelha perdida, sem o direcionamento de Deus?*

CADERNO DE INSPIRAÇÃO: O PODER DA ORAÇÃO

Além do fortalecimento espiritual que recebemos através das Sagradas Escrituras, a oração é o nosso canal direto de comunicação com o Pai. Ela é o nosso grito de socorro e o suspiro da nossa alma. Devemos nos lembrar de que, ao suplicarmos pela misericórdia divina e buscarmos a intercessão de Jesus Cristo, tornamo-nos receptivos à cura, ao livramento e aos milagres. Contudo, é essencial compreendermos que tudo em nossas vidas floresce segundo a vontade e o tempo perfeito de Deus.

O nosso Criador se agrada daqueles que O buscam com sinceridade, que confiam em Seu caráter e em Sua Palavra. Ele é fiel para cumprir Suas promessas e honra todos os que Nele esperam de todo o coração.

Devemos, portanto, orar sem cessar e nos mantermos em constante vigilância. Como nos ensina a Palavra: *"Vigiai e orai, para que não entreis em tentação; na verdade, o espírito está pronto, mas a carne é fraca"* (Mateus 26:41). Embora sejamos limitados por nossa natureza pecaminosa, não devemos permitir que o pecado nos domine. Por mais que a nossa carne clame por suas vontades, precisamos, sob a guia do Espírito, exercer o domínio sobre ela para permanecermos firmes em nosso propósito com o Senhor.

A Palavra de Deus demonstra o poder transformador da oração: *"Está alguém entre vós aflito? Ore. Está alguém contente? Cante louvores. Está alguém entre vós doente? Chame os presbíteros da igreja, e orem sobre ele, ungindo-o com azeite em nome do Senhor; e a oração da fé salvará o doente, e o Senhor o levantará"* (Tiago 5:13-15).

Outro exemplo marcante sobre o poder da oração e a fidelidade de Deus para com aqueles que mantêm um compromisso com Ele é a história do rei Ezequias. Ao contrair uma enfermidade mortal, Ezequias recebeu do profeta Isaías uma mensagem do Senhor: ele deveria colocar sua casa em ordem, pois morreria.

Naquele momento de angústia extrema, Ezequias buscou a face de Deus em oração e chorou amargamente, dizendo: *"Ah! Senhor, lembra-te, peço-te, de que andei diante de ti em verdade, e com o coração perfeito, e fiz o que era reto aos teus olhos".* Antes mesmo que Isaías saísse do pátio, o Senhor respondeu: *"Ouvi a tua oração, e vi as tuas lágrimas; eis que acrescentarei aos teus dias quinze anos"* (Isaías 38:1-5).

Quando oramos e nos humilhamos diante do Criador, Ele pode reverter situações desenganadas e operar milagres inimagináveis. O Senhor honrou Ezequias prontamente: assim que a oração terminou, a resposta divina já estava a caminho. Isso nos prova que Deus está atento ao clamor de um coração comprometido.

"Suas lágrimas não são invisíveis para Aquele que detém o tempo em Suas mãos".

A Oração de Jesus por Seus Discípulos

"Eu não rogo somente por estes, mas também por aqueles que, pela sua palavra, hão de crer em mim; para que todos sejam um, como tu, ó Pai, o és em mim, e eu em ti; que também eles sejam um em nós, para que o mundo creia que tu me enviaste" (João 17:20-21).

Acima, destaco dois versos desta belíssima oração que Jesus proferiu antes de ser crucificado. Além de Seu sacrifício supremo, estas palavras reforçam a imensidão de Seu amor por nós: Ele não rogou apenas pelos discípulos daquela época, mas por todos nós que viemos a conhecer o Deus único e verdadeiro, reconhecendo a Jesus Cristo como Seu Filho e Salvador do mundo.

CADERNO DE ORAÇÕES

Aseguir, apresento um caderno de orações que escrevi sob a condução fervorosa do Pai, do Filho e do Espírito Santo. Parte destes clamores utilizo em meu próprio dia a dia, ao interceder por mim, por minha família e pelo próximo.

Nestes clamores, destaco ainda alguns Salmos de grande poder espiritual e palavras de reflexão para o estudo bíblico, que certamente fortalecerão a sua caminhada.

Espero que estas orações lhe sejam úteis e que, por meio delas, você sinta a presença de Deus em sua jornada. Desejo que elas sirvam, inclusive, de inspiração para os seus próprios louvores e clamores diante do Pai.

Quero deixar registrado que a realização desta obra só foi possível graças à bondade e à direção do Senhor. Glórias a Deus! Este é um projeto que Ele abençoou, abrindo as portas e concedendo a sabedoria e o entendimento necessários para que este conteúdo chegasse às suas mãos.

"Toda a boa dádiva e todo o dom perfeito vêm do alto, descendo do Pai das luzes." (Tiago 1:17).

Oração pela Vida Espiritual

Ó Senhor dos Exércitos, Rei meu e Deus meu! Invoco a Tua honrosa presença por meio do Espírito Santo. Que o meu 'eu' diminua para que o Senhor seja engrandecido em mim. Que a minha alma se aproxime cada vez mais de Ti e seja fortalecida acima da minha carne, das minhas fraquezas e dos meus pecados. Ajuda-me, Pai, a aceitar o cumprimento das Tuas promessas em minha jornada e a ter atitudes que me aproximem da Tua face.

Suplico por sensibilidade espiritual para que eu compreenda os planos que tens para a minha vida. Ensina-me a ouvir a Tua voz, pois sem Ti nada sou. Como seres humanos, reconhecemos nossa limitação e total dependência de Tua orientação. Em nome de Jesus Cristo, faz-me instrumento da Tua vontade, pois em Ti deposito toda a minha confiança. Obrigada, meu Deus, por tudo.

Momento de Reflexão e Prática

Após esta oração, eleve o seu pensamento e medite nestas palavras do Senhor:

"Orai sem cessar." (1 Tessalonicenses 5:17)

"O espírito é o que vivifica, a carne para nada aproveita; as palavras que eu vos disse são espírito e vida." (João 6:63)

A Oração do Pai Nosso

"Pai nosso, que estás nos céus, santificado seja o teu nome; venha o teu reino, seja feita a tua vontade, assim na terra como no céu; o

pão nosso de cada dia nos dá hoje; e perdoa-nos as nossas dívidas, assim como nós perdoamos aos nossos devedores; e não nos induzas à tentação; mas livra-nos do mal; porque teu é o reino, e o poder, e a glória, para sempre. Amém" (Mateus 6:9-13).

◆ ◆ ◆

Oração pelo Perdão e Livramento dos Pecados

Ó Pai, nosso Criador! Neste exato momento, coloco-me diante de Ti para suplicar o Teu perdão por todos os meus pecados (neste momento, confesse ao Senhor as suas falhas específicas). Perdoa-me por tudo o que tenho feito e que tem me distanciado da Tua presença.

Reconheço que sou pecador(a), mas o meu desejo é ser luz em minha própria vida e na vida daqueles que me cercam. Ensina-me mais de Ti e vivifica a minha alma. Retira de mim o orgulho, a vaidade, a teimosia e o julgamento. Livra-me dos medos, da ansiedade e da falta de confiança que me impedem de entregar minha vida totalmente em Tuas mãos.

Senhor, eu oro e vigio, pois sei que estás comigo; mas, nos momentos de aflição, muitas vezes me esqueço de que Tu estás no controle de tudo. Ajuda-me a ter autocontrole, a não me desesperar e a não temer a nada, a não ser a Ti. Faz-me descansar em Teu amor e entregar-me verdadeiramente, de todo o meu coração, pensamento e alma. Tem misericórdia de mim, ó Deus, pois Cristo morreu na cruz para nos salvar.

Momento de Reflexão e Prática

Após esta oração, ore o Pai Nosso e medite com fé nesta poderosa promessa bíblica:

"Isto é, a justiça de Deus pela fé em Jesus Cristo para todos e sobre todos os que creem; porque não há diferença. Porque todos pecaram e destituídos estão da glória de Deus; sendo justificados gratuitamente pela sua graça, pela redenção que há em Cristo Jesus" (Romanos 3:22-24).

◆ ◆ ◆

Oração contra a Perseguição e pelos Adversários

O Senhor é o meu Pastor e nada me faltará! (Salmo 23:1). Segundo a Tua Palavra, ó Pai, suplico que nada nos falte, especialmente a Tua presença. Que não nos falte a caridade, o perdão e a força para orar por aqueles que nos perseguem ou que se deixam usar para nos maltratar e desestabilizar.

Ajuda-nos, ó Deus, a não fixarmos os olhos nos perseguidores, nem nos problemas, mas somente em Ti. Que possamos sempre nos recordar de Cristo nas horas mais difíceis, pois Ele já venceu esta guerra quando o Seu sangue foi derramado na cruz do Calvário.Concede-nos o livramento de todos os ataques espirituais e das ciladas dos maus.

Que em nosso coração prevaleça o amor e o perdão em lugar do rancor. Ensina-nos a enxergar as qualidades do próximo acima de seus defeitos, para que vivamos em harmonia e sejamos receptivos a todas as bênçãos que tens guardadas para nós. Pai, eu Te peço: perdoa a(o) (citar os nomes das pessoas). Senhor, tem misericórdia delas, pois não sabem o que dizem nem o que fazem. Tem misericórdia de todos nós, para que sigamos nossas vidas em paz. Eu creio e declaro: O sangue de Cristo tem poder! (Repita sete vezes com fé: O sangue de Cristo tem poder!).

Amém".

Momento de Reflexão e Prática

Após este clamor, ore o Pai Nosso e medite profundamente no ensinamento do Mestre:

"Eu, porém, vos digo: Amai a vossos inimigos, bendizei os que vos maldizem". (Mateus 5:44)

◆ ◆ ◆

Oração para o Momento de Sair de Casa

Pai querido e amado, Deus de promessas, Pai abençoado e maravilhoso! Invoco a Tua presença, ó Deus, por meio do Espírito Santo, pois estou saindo de casa agora e necessito da Tua proteção.Que o Senhor esteja comigo onde quer que eu vá, onde quer que eu esteja e onde quer que eu pare. Guarda-me na ida, na volta e no meio do caminho. Conduza-me e traga-me de volta em segurança, são(ã) e salvo(a), em nome de Jesus Cristo. Suplico que não permitas que eu me envolva em acidentes, nem que ninguém se envolva em acidentes comigo ou com a minha família. Livra-nos e guarda-nos de todo o mal.

Abre as portas, Senhor, e abençoa os nossos passos para que tudo prospere em nossas mãos. Que o Senhor chegue à frente de cada situação! Ó Deus poderoso, envia os Teus anjos para nos socorrer em nome de Jesus, e guarda a nossa casa e tudo o que nos confiaste. Glórias a Deus!

Momento de Fé e Proteção

Ao sair, declare a sua confiança no Altíssimo. Ore o Pai Nosso e proclame o Salmo 91, o salmo do esconderijo e da proteção divina.

◆ ◆ ◆

Oração pela Saúde e Restauração Física

Ó Eterno Deus, Senhor de Israel! Deus de proteção, de livramentos e de cura! Eu reconheço que o meu corpo não é hospedeiro de doenças, pois sei que o Senhor deseja o melhor para Seus filhos. Somos a Tua imagem e semelhança; Tu és o nosso Pai. Conforme está escrito em Tua Palavra: *"Pedi, e dar-se-vos-á; buscai, e encontrareis; batei, e abrir-se-vos-á"* (Mateus 7:7). Sendo assim, ó Senhor, humilho-me diante da Tua presença e imploro pela cura e pelo livramento de todo e qualquer mal que tente assolar a minha vida e a de meus entes queridos.

Peço, humildemente, que o Senhor me toque do alto da cabeça até a planta dos pés, libertando-me de: (neste momento, mencione as dores, enfermidades ou desconfortos específicos).Eu confio em Ti e sei que o Senhor me restaura em nome de Jesus Cristo. Que o sopro do Espírito Santo percorra todos os meus órgãos vitais, limpando cada um deles e libertando-me de todo mal. Eu recebo a Tua cura e descanso em Teu poder. Amém.

Momento de Entrega e Fé

Concentre-se agora. Entregue-se de corpo e alma à presença de Deus, sentindo-se envolvido por Sua luz restauradora. Com o coração cheio(a) de fé, proclame a sua vitória.

Ore agora o Salmo 27 e o Pai Nosso.

"Espera no Senhor, anima-te, e ele fortalecerá o teu coração" (Sl27:14).

Oração para um Sono de Descanso e Paz

Pai querido, todas as noites encontro dificuldade para dormir e, embora eu não saiba explicar o porquê, o Senhor conhece todas as coisas e tem infinita misericórdia. Eu creio em Ti e sei que, sob o Teu cuidado, serei livre de toda insônia. Este mal não me pertence e não faz parte da minha natureza. Por isso, peço que me libertes dos pensamentos que tentam dominar a minha mente ao deitar. Entrego em Tuas mãos as preocupações, os sofrimentos, as lutas e as notícias negativas que presenciei e que despertaram angústia em meu coração.

Renuncio a tudo o que desvia a minha atenção e me impede de descansar profundamente. Em nome de Jesus Cristo, suplico por noites tranquilas de sono. Que o meu corpo, minha alma e meu coração encontrem repouso em Ti. Peço que, ao amanhecer, eu me levante firme e forte em Tua presença, com as energias e a imunidade renovadas pelo Teu Espírito Santo. Amém.

Momento de Repouso no Esconderijo

Antes de fechar os olhos, declare a sua segurança no Senhor. Recite o Salmo 91 — o salmo do descanso no Altíssimo — e a oração do Pai Nosso.

Oração para Momentos de Aflição e Angústia

Neste momento, ó Senhor dos Exércitos, glorioso Pai! Invoco a Tua honrosa e poderosa presença por meio do Espírito Santo. Toca-me, abraça-me e faz-me sentir fortemente a Tua face. Ó meu Deus de poder, eu preciso de Ti! Este vazio e esta angústia que tentam roubar o meu sorriso e o meu ânimo para o trabalho e para as tarefas diárias, sairão agora de mim e me deixarão em paz, em nome de Jesus Cristo! Eu creio na Tua Palavra, que declara: *"Porque eu sei que o meu Redentor vive, e que por fim se levantará sobre a terra"* (Jó 19:25).

Há dias em que sinto um vazio e uma aflição imensurável, mas sei que tais sentimentos não vêm de Deus, mas do adversário da minha alma. Ele tenta trabalhar em minha mente para me desfocar da fé e tirar o meu vigor na oração. Mas eu jamais deixarei de acreditar em Ti, ó Pai, pois sei que o Senhor zela por mim e por minha família. Livra-nos das más notícias e dos pensamentos negativos. Envia, eu Te suplico, o Teu exército de anjos em ordem de batalha contra todo mal, em nome de Jesus Cristo. Amém.

Momento de Autoridade Espiritual

Declare agora com fé, por sete vezes consecutivas: "O sangue de Cristo tem poder!"

Na sequência, ore fervorosamente o Salmo 6 (um clamor por misericórdia e cura) e a oração do Pai Nosso.

Oração da Prosperidade

Glórias a Deus! Ó maravilhoso e eterno Pai, eu Te louvo, Te glorifico e Te agradeço. Aleluia!

"O Senhor é o meu pastor e nada me faltará" (Sl 23:1).

Ó Deus, conforme a promessa deste Salmo, peço-Te, ó Pai: que as portas se abram em todos os âmbitos da minha vida. Que a Tua prosperidade me alcance, especialmente nas áreas em que mais necessito (mencione aqui suas necessidades, como saúde, vida sentimental ou financeira).

Peço-Te também, Senhor, que jamais me falte o perdão, o amor, a caridade e a paz. Que eu tenha a Tua luz, o pão de cada dia, a disciplina da oração, a fé inabalável e, principalmente, a Tua presença através do Espírito Santo para me guiar.

Vivifica a minha alma! Fala comigo, Senhor; sussurra em meu ouvido e concede-me sabedoria para agir conforme a Tua vontade, estreitando cada vez mais o nosso relacionamento.

Peço, Senhor, que as portas fechadas se abram, as correntes se quebrem e toda opressão cesse. Que caiam por terra os bloqueios, os impedimentos, as maldições e os ataques espirituais. Que haja um destravar em meu caminho para que tudo flua, de uma vez por todas, em nome de Jesus Cristo. Pois eu sei que aquilo que não posso fazer, somente o Senhor pode. Amém.

Orientação: Ore com muito fervor o Salmo 23 e o Pai Nosso.

Oração da casa nova

Ó Deus poderoso e maravilhoso! Deus de honra, de promessas e de glória. Deus de amor, de mistérios, de parábolas e de realizações. Neste momento, eu Te agradeço imensamente por tudo o que tens feito por mim até aqui.

Hoje, agradeço especialmente por este novo lar que o Senhor me deu a oportunidade de conquistar. Por isso, entro nesta casa sob a Tua santa e poderosa presença, guiado pelo Espírito Santo. Eu e a minha família entramos com o "pé direito", confiando em Ti.

Peço que o Senhor abençoe cada canto deste imóvel (casa/apartamento). Eu Te apresento este lugar para que o Senhor o consagre em nome de Jesus Cristo. Que cada cômodo e cada espaço sejam abençoados, e que aqui sejamos muito felizes.

Se houver qualquer mal ou escuridão neste lugar, que saia agora em nome de Jesus! Que a luz de Cristo entre e permaneça para sempre em nosso novo lar, trazendo paz, alegria e prosperidade. Contamos com a presença de Deus Pai, Filho e Espírito Santo em nosso cantinho abençoado. Amém.

Orientação: Ore o Salmo 91 e, na sequência, o Pai Nosso.

◆ ◆ ◆

Oração pelos enlutados

Pai querido e amado, nosso único Deus, Senhor dos céus e da terra. Hoje, coloco diante de Ti a dor da perda em minha família e clamo também por todas as famílias enlutadas, pois o luto é devastador para o coração humano. Não fomos criados para a morte, mas para a vida eterna; contudo, a desobediência no princípio mudou o nosso destino terreno. Por isso, ó Deus, peço a Tua misericórdia, pois sei que o Senhor é tardio em irar-Se e rico em bondade.

Considerando que Jesus Cristo morreu na cruz para nos resgatar, eu creio na vida eterna pelo sangue do Cordeiro que foi derramado. Peço-Te, Senhor: conforta o meu coração e blinda-me contra a tristeza profunda. Que o sangue de Cristo purifique esse sentimento tão doloroso e de difícil aceitação para mim e para os meus familiares. Cura, Senhor, as marcas desta perda que parecem incuráveis. Somente Tu és capaz de cicatrizar feridas tão profundas. Derrama o Teu amor e abraça-nos nos momentos de maior fragilidade.

Afasta a escuridão e traz-nos a Tua luz, libertando-nos de todo mal. Que os sentimentos de revolta e os questionamentos fiquem longe de nós. Concede-nos a aceitação, o entendimento e a certeza de que o nosso ente querido retornou para os Teus braços. Que o Teu consolo alcance o íntimo de nossas almas. Amém.

Orientações para o leitor: Ore o Pai Nosso e os Salmos 91 e 23.

Meditação: Reflita nesta Palavra: *"Nu saí do ventre de minha mãe e nu tornarei para lá; o Senhor o deu e o Senhor o tomou; bendito seja o nome do Senhor"* (Jó 1:21).

Louvor: Cante ao menos três hinos de louvor que fortaleçam o seu espírito. Louve a Deus intensamente, especialmente quando a tristeza e as lembranças vierem. O louvor é uma arma contra o desespero.

Postura de Fé: Não dê lugar à murmuração nem ao inimigo; não deixe que o sofrimento cegue a sua visão espiritual. Escolha a gratidão. Quanto mais agradecemos, mais nos aproximamos do Pai e mais consolados seremos.

Oração da manhã

Bom dia, Pai querido, amado e bendito! Aleluia, aleluia, aleluia! Glórias e glórias Te damos. Glórias a Deus; bendito é o Senhor Deus, bendito é Jesus Cristo!

Obrigada, Pai, por mais este dia que nasce e por mais uma madrugada de sono tranquilo. Obrigada por nos proteger e nos livrar de todo o mal enquanto dormíamos. Obrigada pelo sopro da vida, pelo ar que respiramos, pelo pão de cada dia e pela saúde que nos permite levantar da cama. Obrigada por tudo, ó Deus!

Pedimos, agora, a honra da Tua presença através do Espírito Santo. Que o Senhor nos encha de ânimo, coragem e força espiritual; que nos guie e nos direcione em cada passo que dermos. Acompanha-nos, Senhor, para que tudo prospere em nossas mãos.

Pedimos que o nosso dia seja profundamente abençoado, em nome de Jesus Cristo. Coloca-nos debaixo de Tuas asas e livra-nos de todos os ataques do inimigo. Amém.

Orientações para o leitor: Agora, ore o Pai Nosso com muito fervor.

Reflexão: Medite nesta promessa de Deus: *"Eu irei adiante de ti, e endireitarei os caminhos tortuosos; quebrarei as portas de bronze e despedaçarei os ferrolhos de ferro"* (Is 45:2).

Aclamação: Diga com fé: Glórias a Deus! Glórias a Deus! Glórias a Deus!

Oração para os Motoristas e Condutores

Pai querido e bendito, que nos protege e nos enche de luz! Ó Deus soberano, ó Pai amado, ó Cristo Salvador, ó Espírito Santo de Deus. Toda honra e toda glória sejam dadas a Ti, ó Pai. Aleluia! Aleluia! Aleluia!

Senhor, em primeiro lugar, eu Te agradeço por tudo e peço perdão por todos os meus erros; por tudo o que fiz que Te entristeceu e me distanciou de Ti, ó Deus misericordioso. Resgata a minha fé e a fé da minha família. Ó Espírito Santo, toca em nossas almas, liberta-nos do orgulho e da tristeza, e não nos deixes vacilar jamais. Ajuda-nos a vigiar e a orar sem cessar, para que possamos nos defender de todos os ataques do mal.

Neste momento, peço especialmente por todos os motoristas e condutores — sejam de carros, motos, ônibus, bicicletas ou maquinários agrícolas; pilotos de aviões, barcos e navios. Clamo por todos aqueles que, no seu dia a dia, estão à frente de um veículo, seja para o trabalho ou lazer. Que o Senhor os proteja por onde quer que passem. Peço que o Senhor vá à frente, conduzindo-os e guardando os seus passos.

Pai, rogo por Teus livramentos: guarda a direita, a esquerda, a frente e a retaguarda de cada um. Que nenhum mal chegue à tenda deles. Pois, ainda que eles manejem os veículos, é o Senhor quem os conduz através dos Teus anjos e da Tua proteção, pelo poder do Espírito Santo, em nome de Jesus Cristo. Amém.

Orientações para o leitor: Ore agora o Salmo 40 e o Pai Nosso.

Oração Das Causas impossíveis

Senhor Deus, glorioso Pai, nosso único Criador, Senhor dos céus e da terra. Ó Senhor dos Exércitos, ó Guarda de Israel! Deus que levanta o necessitado do pó, aleluia! Tu és o Deus de honra, fiel às

Tuas promessas e poderoso para cumpri-las.

Te louvo agora, Pai, e clamo pela honra da Tua presença em tudo o que eu fizer, especialmente neste momento de oração. Perdoa, Senhor, os meus pecados; reconheço que não sou merecedor(a), mas confio em Tua infinita misericórdia. Sou Teu filho (Tua filha), e embora eu seja limitado(a) e a minha carne seja fraca, a minha alma pertence a Ti. Conduz-me, Senhor, segundo a Tua vontade.

Sei que para Ti não há limites, pois Tu és o Deus do impossível, o Deus dos milagres e prodígios, que endireita caminhos tortuosos e age por onde menos esperamos. Quando penso em desistir e sinto que não há mais saída aos olhos humanos, o Senhor aparece, age em meu favor e me surpreende.

Sim, Pai, somente o Senhor pode todas as coisas; Tua é a última palavra. Quando o Senhor decide agir, ninguém pode impedir; quando o Senhor estende a mão, tudo se transforma. Obrigada, Pai, por seres o Deus do impossível! Por isso, Te suplico: resolve esta causa que o homem considera perdida, mas que para Ti já tem solução.

Não cai uma folha de árvore sem a Tua permissão. Intercede, ó Deus, por nós, seres pequenos e frágeis. Ó Paizinho querido, abençoa-me com a Tua graça e com o Teu milagre. Surpreende-me de um jeito que só o Senhor pode fazer. Enche-me de esperança e fortalece a minha fé para crer no invisível.

Assim como o Senhor controla o vento, liberta-me desta tempestade terrena e deste sofrimento. Que esta causa angustiante seja resolvida conforme a Tua vontade. Ó Pai libertador, intercede por nós em nome de Nosso Senhor Jesus Cristo. Tem misericórdia de nós, Teus filhos. Nós Te amamos e confiamos em Ti.

Glórias a Deus! Graças a Deus!

Orientações para o leitor: Ore, em seguida, o Salmo 147 e o Pai Nosso.

Oração por sabedoria e discernimento

Senhor, tem misericórdia! Cristo, tem misericórdia! Ó Espírito Santo de Deus, faz-Te presente em meu caminho. Conduz-me e não me deixes vacilar, para que eu não dê oportunidade ao inimigo de agir em minha vida, nem de encher a minha mente com pensamentos falsos ou enganosos.

Que a minha mente, a minha alma e o meu coração sejam blindados com a Tua presença, para que eu saiba discernir a Tua voz. Somente assim terei sabedoria para entender o Teu propósito e agir conforme a Tua vontade. Em tudo o que eu realizar, preciso da Tua direção. Posso até ter inteligência, mas reconheço que não possuo a sabedoria necessária para conduzir a minha vida sozinho(a).

Por favor, estende as Tuas mãos sobre tudo o que eu fizer. Ensina-me a consultar-Te antes de cada decisão, pois somente o Senhor conhece o profundo de todas as coisas e enxerga o que há de vir. O Senhor conhece o tempo certo para tudo e qual caminho devo seguir. Sei que tenho o livre-arbítrio para escolher, mas também sei que colherei os frutos de minhas escolhas.

Não sou nada sem Ti, ó Pai; nada sou sem a Tua sabedoria e a Tua presença. Por favor, permanece comigo, guiando-me em cada passo. Amém.

Orientações para o leitor: Ore o Pai Nosso e leia a Palavra de Deus.

Reflexão: Medite com fé nestas promessas:

"E, se algum de vós tem falta de sabedoria, peça-a a Deus, que a todos dá liberalmente, e não o lança em rosto, e ser-lhe-á dada". (Tiago 1:5)

"O temor do Senhor é o princípio da sabedoria". (Provérbios 9:10).

◆ ◆ ◆

Oração do Socorro urgente

"Elevo os meus olhos para os montes: de onde me virá o socorro? O meu socorro vem do Senhor, que fez o céu e a terra. Não deixará vacilar o teu pé; aquele que te guarda não tosquenejará". (Sl 121:1-3)

Ó Pai amado e querido, assim como diz a Tua Palavra, o Senhor não dorme e está sempre a me guardar. Muitas vezes, diante das tribulações, esqueço-me de que não estou sozinha(o) e de que a Santíssima Trindade — Pai, Filho e Espírito Santo — me conduz e protege. No desespero, o medo tenta me cegar e me sinto em um beco sem saída. Mas é justamente aí que o Senhor me surpreende com Tua presença, Tuas bênçãos e Teus milagres urgentes, vindo por caminhos inimagináveis.

Às vezes, no silêncio da aflição, penso que o Senhor não ouve o meu grito; mas Tu me respondes com acontecimentos inesperados. Sei que o Senhor usa pessoas e a força da Tua Palavra para me preparar espiritualmente. Por isso, espero em Ti com fé inabalável.

Deus maravilhoso e misericordioso, o Senhor não nos abandona, pois somos Teus filhos. Suplico-Te agora, com a certeza de ser ouvido(a), reconhecendo que Tu és o único Deus Criador e que Jesus Cristo é o meu Salvador, o Cordeiro de Deus que tira o pecado do mundo.

Pai, como diz o Salmo: "O meu socorro vem do Senhor". Vem me socorrer! Preciso de Ti, pois sem a Tua mão eu não consigo prosseguir. Vem me acudir, defender e libertar. Eu Te amo e dependo de Ti. O Senhor é Pai, e sei que não desejas o meu mal. Surpreende-me com Tua misericórdia e envia Teus anjos em ordem de batalha contra todo mal!

Invoco o Teu nome agora. Que os Teus anjos levem as minhas súplicas e tragam as respostas e os milagres urgentes de que necessito. Ó Cristo, Filho de Davi, tem misericórdia de mim! Intercede por mim diante do Pai, pois preciso de um socorro imediato em: (apresente aqui o seu pedido de socorro). Amém.

Orientações para o leitor: Ore com muita fé o Pai Nosso e os Salmos 121 e 70.

Dica de Fé: Tudo o que pedir, peça sempre em nome de nosso Senhor Jesus Cristo.

Oração pela Reconciliação e Edificação da Família

Senhor nosso Deus e amado Pai, preciso de Ti! Reconheço que sou pequena e que, sem a Tua presença, nada sou; sinto-me vazia e limitada, como era a terra antes da criação: sem forma e vazia. Pai, neste momento, imploro pela Tua honrosa e poderosa presença através do Espírito Santo, para que a minha alma seja socorrida e consolada.

Ensina-me, Senhor, a ter autocontrole, pois sei que a carne milita contra o espírito. Necessito sentir o Teu profundo amor, especialmente na convivência familiar. Por isso, meu Deus, peço paz e força para vencer as lutas do dia a dia, além de flexibilidade e sabedoria para edificar o meu lar.

Tua Palavra diz: *"Toda mulher sábia edifica a sua casa, mas a tola derriba-a com as suas próprias mãos"* (Pv 14:1). Quero ser sábia e paciente para lidar com situações delicadas, pois o Senhor não nos criou para vivermos em solidão.

Muitas vezes, somos atingidos pelo mal da inveja, por maldições hereditárias e conflitos que esfriam os relacionamentos entre pais, filhos, irmãos e parentes. Situações inflamadas pelo inimigo para destruir a união. Por isso, Pai querido, peço sensibilidade espiritual e mansidão para controlar a ira, as palavras e os pensamentos. Que prevaleça o diálogo. Que saibamos o momento de silenciar; que prefiramos a humildade da paz ao orgulho de ter razão.

Ensina-nos a renunciar ao orgulho para que possamos nos reconciliar, ceder e recomeçar. Que o nosso lar seja contemplado com a Tua presença. Em nome de Jesus Cristo, peço que haja união, sendo um só corpo e um só espírito. Que saibamos educar nossos filhos na Tua doutrina e que o Senhor nos dê autoridade para reinarmos sobre os problemas, sem deixar que as dificuldades nos vençam.

Deus, a família é a base de tudo. Por isso, intercedo por todos os casais e por todas as famílias do mundo, especialmente por aquelas que atravessam crises agora. Em nome de nosso Senhor Jesus Cristo. Amém.

Orientações para o leitor:

Aclamação: Repita sete vezes com fé: "O sangue de Cristo tem poder!"

Oração Final: Em seguida, ore o Salmo 91 e o Pai Nosso.

◆ ◆ ◆

Oração para o Mês que se Inicia

Obrigada, Deus, por tudo o que o Senhor fez, faz e ainda fará por mim e por minha família. Hoje um ciclo se encerra e sou imensamente grata(o), pois o Senhor me permitiu chegar até aqui com vitória. Rendos-Te graças pelo mês que passou; glórias e glórias Te dou!

Agora, inicia-se um novo tempo: o mês de (citar o mês). Por isso, Pai, peço que este seja um período abençoado sob a Tua santa e poderosa presença, através do Espírito Santo. Que eu e minha família sejamos guiados por Ti em cada detalhe.

Tomo posse de um mês de vitórias, pois creio no Teu poder. Sei que o Senhor não dorme e que cuida de nós ininterruptamente. Que a cada passo dado, eu seja bem-sucedido(a) em todas as áreas da minha vida. Que os meus projetos saiam do papel e que o Senhor me ajude a realizar os sonhos que foram plantados em meu coração, sempre segundo a Tua vontade.

Que o medo não me impeça de agir, pois entendo que devo temer somente ao Senhor, e a mais ninguém. Peço também, Pai, que me ensines a dominar a língua, para que eu viva em harmonia e não dê brechas ao inimigo. Que eu permaneça vigilante, cultivando o hábito da oração e mantendo minhas rotinas espirituais diárias, colocando o Senhor em primeiro lugar em minha vida. Tudo isso eu peço e agradeço, em nome de nosso Senhor Jesus Cristo. Amém.

Orientações para o leitor: Agora, ore com fé o Salmo 23 e o Pai Nosso.

◆ ◆ ◆

Oração para Abrir Portas na Vida Profissional

Pai, peço licença para entrar em Tua presença. Peço-Te um abraço, pois, às vezes, sinto-me fracassado(a) por ter estudado e trabalhado tanto sem ainda me sentir realizado(a) profissionalmente, ou por não ter alcançado o emprego dos meus sonhos. Senhor, eu anseio ser bem-sucedido(a), especialmente na área em que me formei e à qual dediquei anos de esforço, lutas e sacrifícios para concluir meus estudos e especializações.

Não quero ser egoísta, Senhor, pois sei que muitos enfrentam o mesmo deserto; mas vejo também que muitos já alcançaram a vitória. Confesso que já me senti tão desanimado(a) a ponto de dizer que não era exemplo para ninguém. Mas eu sei, meu Deus, que esse sentimento não vem de Ti, pois para o Senhor somos raridades, como pedras preciosas.

Por isso, hoje eu Te peço paciência e a Tua força de Pai. Por favor, Senhor, olha por mim e por todos que necessitam das virtudes e dos dons que somente Tu podes dar. Clamo por oportunidades! Que as portas se abram para mim e para todos que hoje se sentem frustrados. Esperamos no Senhor, convictos de que a nossa vitória chegará e de que a Tua luz trilhará o nosso caminho, pois a porta que o Senhor abre, ninguém fecha!

Eu creio e recebo essa promessa em nome de Jesus Cristo. Como diz a Tua Palavra: *"No suor do teu rosto comerás o teu pão, até que tornes à terra"* (Gn 3:19). Pai, graças Te dou pelas oportunidades de sustento que já me concedeste e por me guiar até aqui. Sei que, Contigo, posso crescer a cada dia, segundo as bênçãos que tens preparadas para a minha vida. Glórias a Deus!

Orientações para o leitor: Ore o Salmo 23 e o Pai Nosso fervorosamente.

◆ ◆ ◆

Oração pelas Autoridades e Lideranças

Pai querido e amado, meu coração Te agradece por tudo o que o Senhor realiza em nossas vidas. Em nome de Jesus Cristo, obrigada pela Tua honrosa e poderosa presença, por cuidar de cada detalhe e por nos conduzir sempre. Peço que estendas as Tuas mãos sobre tudo o que fizermos, especialmente nas situações mais difíceis, para que a nossa fé não esmoreça e os nossos pés permaneçam firmados na Rocha.

Pai, rogo que toques a mente dos líderes mundiais para que haja paz sobre a terra. Repreende o inimigo que ronda com espíritos de contenda, buscando a quem devorar. Visita, Senhor, as lideranças à frente das nações e dos órgãos cujas decisões impactam diretamente a vida humana. Ó Pai amado, livra-nos das guerras, das discórdias e da aprovação de projetos que possam nos prejudicar ou ferir os princípios que o Senhor nos deu.

Pai, move o Teu Espírito para que haja conciliação entre os governantes e harmonia entre os três poderes: Executivo, Legislativo e Judiciário. Desperta o lado espiritual de cada líder e autoridade à frente de entidades neste mundo, para que exerçam suas atividades com integridade e propósito positivo. Levanta intercessores — familiares, amigos ou líderes religiosos — para orar e vigiar por essas personalidades.

Ilumina, Senhor, a mente de presidentes, governadores, prefeitos, embaixadores, magistrados, ministros, secretários, parlamentares e líderes empresariais. Concede-lhes sabedoria divina para que governem e decidam em favor do bem comum e do povo de Deus. Amém.

Orientações para o leitor: Ore agora o Pai Nosso e o Salmo 71.

◆ ◆ ◆

Oração por Sabedoria na Criação dos Filhos

Ó querido e amado Deus, muito obrigada pelas bênçãos recebidas em nossas vidas. Jesus Cristo, Salvador do mundo, do fundo do meu coração eu Te agradeço por tudo. Através desta oração, peço a Tua bênção para saber agir com retidão em tudo o que eu fizer, especialmente no que diz respeito à educação dos meus filhos.

Pai, em minhas reflexões diárias, muitas vezes me questiono: "Será que estou agindo corretamente?". Por isso, peço-Te uma direção clara e sinais para saber se estou ajudando da melhor maneira possível para o bem do meu filho(a) e de nossa família. Tudo o que desejo é cuidá-lo(a) com amor, mas sem permitir que se torne fraco(a), voluntarioso(a) ou mal-acostumado(a). Não quero que sofra, mas desejo que cresça forte, corajoso(a), disciplinado(a) e respeitoso(a).

Diante dos desafios cotidianos, peço-Te controle emocional. Mostra-me o melhor caminho, Senhor! Oro por minha família todos os dias, mas sinto falta, por vezes, de uma postura que seja suave e firme ao mesmo tempo. Busco na Tua Palavra esse direcionamento, para que eu não seja enganado(a) pela fraqueza da carne ou pela sensibilidade excessiva dos meus sentimentos. Guia-me na Tua verdade. Amém.

Orientações para o leitor: Agora, ore o Salmo 121 e o Pai Nosso.

Reflexão Bíblica: Medite nestes ensinamentos sobre a instrução dos filhos:

"A vara e a repreensão dão sabedoria, mas o rapaz entregue a si mesmo envergonha a sua mãe". (Pv 29:15)

"Castiga o teu filho, e te fará descansar; e dará delícias à tua alma". (Pv 29:17)

"O que retém a sua vara aborrece a seu filho, mas o que o ama, a seu tempo, o castiga". (Pv 13:24)

Oração de Preparação para Viagens

Glórias a Deus! Santo é o Senhor, poderoso e glorioso Pai. Aleluia! Aleluia! Glórias e glórias Te damos; nós Te louvamos, Te bendizemos e Te adoramos. Como somos gratos por Tua paz e pela

Tua infinita misericórdia para conosco. Pois, como diz a Tua Palavra: *"Bem-aventurada é a nação cujo Deus é o Senhor"* (Sl 33:12). Aleluia! *"Bendito aquele que vem em nome do Senhor"* (Sl 118:26). Glórias a Deus! Glórias a Jesus Cristo!

Espírito Santo de Deus, sopra sobre nós o Teu vento. Deixa o Teu toque em nossas almas, em nosso corpo e em cada fibra do nosso ser; marca-nos com a Tua presença. Espírito Santo, vem! Vem nos guiar!

Momento de Louvor: Recomenda-se a canção "Algo Novo" por Kemuel e Lukas Agustinho.

Tomada pelo Teu Espírito, ó Pai, peço que abras os meus olhos e ouvidos espirituais. Toca a minha alma suavemente, como fazes sempre que invoco a Tua presença de coração aberto. Sei que o Senhor jamais deixa um justo sem resposta e jamais rejeita uma oração sincera.

Gratidão eterna por Tua honrosa e gloriosa companhia. Hoje, clamo por todos que planejam viajar; por aqueles que só se movem conforme a Tua permissão e resposta, consultando-Te antes em oração. Pode parecer algo banal, mas não é! Tudo o que é feito sob o Teu consentimento prospera, pois acontece segundo a Tua perfeita vontade.

Dá-nos, Senhor, esse sentimento de confiança que preenche a alma e nos faz descansar em Ti, ó Pai Eterno. Concede-nos a Tua confirmação através da Tua Santa Palavra. Muito obrigada por tudo. Eu Te amo! Amém.

Orientações para o leitor: Ore o Pai Nosso e o Salmo 91 fervorosamente.

◆ ◆ ◆

Oração pelos Pais e Bebês em UTIs e Berçários

Pai, só o Senhor conhece o que cada mãe viveu durante a gestação. Tu conheces, como ninguém, a expectativa e a ansiedade dos pais para terem seus filhos nos braços logo ao nascer. Mas sabemos que nem sempre o tempo dos homens é o Teu tempo. Muitos não podem levar seus bebês para casa imediatamente; outros precisam esperar o momento determinado por Ti, de acordo com a Tua soberana vontade. Embora sejamos fracos em aceitar a espera, ensina-nos a confiar em Ti de verdade.

Nesse contexto, ó Deus, peço por todas as mães e pais que enfrentam a dor de deixar seus filhos recém-nascidos no hospital — seja em berçários ou em UTIs — para que se recuperem de enfermidades ou ganhem as forças necessárias.

Ó Deus maravilhoso, invoco a Tua presença agora! Cuida dessas crianças com Teu infinito carinho. Acampa os Teus anjos ao redor de cada leito e berço; afasta todo mal da vida desses pequenos que, mal chegaram ao mundo, já enfrentam uma batalha pela vida. Que eles recebam força para cumprir a missão que o Senhor designou a cada um aqui na terra.

Eu Te imploro, ó Jesus Cristo, Filho de Davi: intercede por cada um deles! Conforta o coração desses pais e familiares, concedendo-lhes resistência física e emocional para atravessarem esta luta ao lado de seus pequenos.

Fortalece, Senhor, o espírito dessas pessoas. Que através da fé, elas se sintam renovadas para transmitir coragem aos seus filhos, pois sabemos que esses seres tão pequenos são, muitas vezes, mais fortes e guerreiros do que podemos imaginar.

Pai, o Senhor sabe como é difícil para um pai e uma mãe voltar para casa e tentar descansar enquanto o filho permanece hospitalizado. Dá-lhes a paz que excede todo o entendimento. Que ao retornarem ao hospital no dia seguinte, a visão da vida e da luta de seus pequenos seja o combustível para a esperança de, em breve, levá-los para o aconchego do lar. Em nome de Jesus, amém.

Orientações para o leitor:

Prática de Fé: Ore o Salmo 91 e o Pai Nosso todos os dias, de preferência junto ao leito ou no hospital. Deus é misericordioso e ainda opera milagres!

◆ ◆ ◆

Oração de Fé nas Promessas Divinas

Ó Deus, bem sei que não devemos depositar nossa fé cega nas promessas humanas; mas em Ti, Senhor, posso sempre confiar. Ensina-me a crer no invisível, nos Teus planos perfeitos e nas promessas que tens para cada um de nós. Reconheço que nada acontece por acaso e que não existem coincidências sob o Teu governo.

Ó Deus maravilhoso, digno de toda honra e de toda glória! Como diz a Tua Palavra: *"Deus não é homem, para que minta; nem filho do homem, para que se arrependa. Porventura diria Ele, e não o faria? Ou falaria, e não o confirmaria"?* (Nm 23:19).

Pai amado, não permitas que eu seja confundida(o); que em meu coração não haja dúvida alguma sobre o Teu amor. A prova máxima desse amor foi o envio de Teu Filho, Jesus Cristo, para nos salvar do pecado que nos afastava de Ti desde o princípio. Através d'Ele, o Senhor restabeleceu a nossa aliança e estreitou o relacionamento que havia sido rompido. Obrigada, ó Deus! Obrigada por Jesus Cristo!

Eu reconheço que Jesus Cristo é o Senhor e que Ele está à Tua direita, em Teu trono, intercedendo por nós. Glórias a Jesus, que foi obediente ao Pai e, mesmo diante da morte, cumpriu Sua missão terrena.

"Pelo que também Deus o exaltou sobremaneira e lhe deu o nome que está acima de todo nome, para que ao nome de Jesus se dobre todo joelho dos que estão nos céus, na terra e debaixo da terra, e toda língua confesse que Jesus Cristo é o Senhor, para glória de Deus Pai". (Fp 2:9-11)

Nesse contexto, ó Pai, peço-Te: quebranta o meu coração. Dá-me forças para ser obediente a Ti e não permitas que eu me corrompa pela dúvida em momento algum. Em nome de Jesus, blinda a minha mente contra as armadilhas do adversário. Glórias a Deus! Amém.

Orientações para o leitor: Ore o Pai Nosso com muita fé.

Reflexão: Medite nesta verdade: *"Ora, sem fé é impossível agradar-lhe; porque é necessário que aquele que se aproxima de Deus creia que ele existe, e que é galardoador dos que o buscam".* (Hb 11:6).

Oração contra o Despertar da Ira

Hoje, eu oro para que toda investida de Satanás seja anulada em nossas vidas. O inimigo age como o riscar de um fósforo, tentando "atear fogo" em nossas emoções para que o caos se instale. Posteriormente, ele tenta nos sufocar com a culpa, fazendo com que o pecador carregue um peso insuportável nos ombros e sinta-se a pior pessoa do mundo.

Eu mesma já passei por isso muitas vezes, por ter sido uma pessoa explosiva. No entanto, após muitos erros e através de orações diárias e rotinas espirituais constantes, Deus tem me transformado. Sei que o fato de ser uma nova criatura não me isenta de sentir ira; mas sei, também, que se eu mantiver o controle emocional e reinar sobre as adversidades, estarei evoluindo em Cristo. Reconheço que não é fácil ouvir ofensas ou sofrer perseguições, mas agora consigo agir de forma diferente, graças às armaduras da oração e do louvor ao nosso Senhor.

Ó Pai Eterno, glorioso Deus! Neste momento de clamor, peço que fortaleças a cada um de nós que Te busca. Ajuda-nos a resistir à ira, sentimento que expõe a fraqueza da nossa carne. Quebra, Pai, as correntes que nos prendem ao orgulho e ao egoísmo, que inflamam o nosso ego no momento da raiva.

Transforma-nos, ó Deus, em seres pacíficos. Ajuda-nos a conter nossas fragilidades e quebranta os nossos corações, dando-nos mansidão para que sejamos Teus servos, praticando a verdadeira caridade, que é o amor. Assim, poderemos contribuir para a paz em todos os ambientes em que vivermos. Amém.

Orientações para o leitor:

Prática de Fé: Ore o Salmo 91 (repetindo três vezes) e o Pai Nosso com muita fé.

Oração para Ser Luz na Vida das Pessoas

Ó magnífico Deus, que não dorme e nem se cansa de nos defender das armadilhas do adversário! Tu és o Deus que não aprova as contendas e que Se afasta da prática dos malfeitores. Entro agora em Tua presença pedindo perdão por todos os meus erros e pelas vezes que feri pessoas com minhas palavras. Reconheço que não sou merecedora(o) de tudo o que fazes por mim, mas sei que o Senhor me renova a cada manhã, concedendo-me a chance de um recomeço, pois Tu és o Deus da misericórdia.

Diante disso, ó Pai, por favor, liberta-me das tentações, dos espíritos de contenda, das murmurações e de tudo o que me distancia da Tua presença. Quero ter-Te sempre por perto, pois se o Senhor é por nós, quem será contra nós?

Com essa certeza, sigo a minha caminhada e Te peço: ensina-me a ser luz na vida das pessoas. Assim como está escrito no princípio: *"E disse Deus: Haja luz; e houve luz"* (Gn 1:3).

Senhor, peço que haja luz em tudo o que eu fizer, onde eu colocar as minhas mãos e onde pisarem as plantas dos meus pés. Ajuda-me a ser luz em minha própria vida e na vida daqueles que me cercam, pois, onde a Tua luz chega, as trevas não podem prevalecer.

Por onde eu passar, que eu promova a boa convivência, buscando sempre a paz e a harmonia, independentemente de ser admirada(o) ou bem-quista(o) pelos outros. Prepara o meu coração e a minha alma para agir com amor e boa vontade. Que a minha boca transborde gratidão em vez de reclamação, mesmo nos momentos de dificuldade. Pois sei que, se planto o bem, colherei o bem, no tempo e na hora determinados por Ti. Amém.

Orientações para o leitor: Ore o Pai Nosso e o Salmo 121.

Meditação na Palavra: Reflita neste ensinamento do apóstolo Paulo:

"Fazei todas as coisas sem murmurações nem contendas; para que sejais irrepreensíveis e sinceros, filhos de Deus imaculados no meio de uma geração corrompida e perversa, entre a qual resplandeceis como astros no mundo". (Filipenses 2:14-15)

◆ ◆ ◆

Oração pelos Dons Espirituais

Ó Pai, reveste-me com os Teus dons celestiais e com as virtudes necessárias para que eu possa Te servir constantemente, com alegria e fervor. Ensina-me, Senhor, a usar os meus dons espirituais para alcançar almas e aproximá-las da Tua Palavra. Que a condução do Espírito Santo nos traga a paz necessária para a edificação do bem, da bem-aventurança, da lealdade e da fidelidade a Ti.

Que o nosso amor a Jesus Cristo seja renovado a cada dia, assim como a nossa fé. Que os nossos olhos espirituais estejam sempre atentos e prontos para o Teu trabalho, de modo que jamais anulemos os dons que nos foram confiados. Pois sabemos que, embora os dons sejam diversos, o Espírito é o mesmo.

Peço-Te, Senhor, que levantes uma multidão de pessoas fiéis à Tua Palavra e que continues a abençoar todos aqueles que Te servem de todo o coração. Amém.

Orientações para o leitor: Ore o Pai Nosso com muita fé.

Reflexão na Palavra: Medite nesta verdade sobre o corpo de Cristo

"Ora, há diversidade de dons, mas o Espírito é o mesmo. E há diversidade de ministérios, mas o Senhor é o mesmo. E há diversidade de operações, mas é o mesmo Deus que opera tudo em todos. Mas a manifestação do Espírito é dada a cada um para o que for útil". (1 Co 12:4-7)

◆ ◆ ◆

Oração contra as Fraquezas da Carne

Ó Senhor, Tu que realizas maravilhas em nossas vidas! Tu és o Senhor dos Exércitos, aquele que nos concedeu o fôlego da vida e que supre cada uma de nossas necessidades segundo a Tua vontade. Ao olhar ao redor, vejo quantos hoje dependem de aparelhos para respirar, quantos não conseguem se alimentar ou desfrutar das pequenas dádivas da existência. Quantos estão acamados, feridos por tempestades, acidentes ou pelas armadilhas deste mundo. Reconheço, Senhor, que muitas vezes somos ingratos e nos perdemos em reclamações e críticas.

Hoje, quero Te agradecer por tudo, especialmente pelas pequenas bênçãos que tantas vezes não valorizamos ou não enxergamos. Sim, ó Deus, somos egoístas, orgulhosos e teimosos; mas Tu jamais desistes de nós. Em nenhum momento deixas de nos amparar, nos levantar e lutar por nós, Teus filhos. Sabemos que precisamos da Tua correção, embora nem sempre saibamos aceitá-la com mansidão. Na aflição, nossa visão se turva e não conseguimos enxergar o que o Senhor está operando em nosso favor.

Somente após experimentar a missão de ser pai (mãe), ao tentar educar e corrigir um filho para o seu próprio bem, é que compreendo o quanto é difícil disciplinar quem amamos. Hoje eu entendo: tudo o que o Senhor faz é pensando em nosso crescimento, aprendizado e tratamento espiritual. Mas admito, Pai querido, que colocar isso em prática não é fácil.

Muitas vezes tenho consciência da Tua vontade, mas minha carne resiste. Minha natureza humana reluta em aceitar a correção, as perdas e as dores necessárias para o cumprimento da minha missão aqui na terra. É difícil vencer o orgulho e subjugar a carne pecadora, mas eu sei que preciso. Ó Senhor dos Exércitos, ajuda-me a dominar as vontades da carne com vitória, em nome de Jesus Cristo! Amém.

Orientações para o leitor: Ore o Pai Nosso com muita fé.

Reflexão na Palavra: Medite no conflito descrito pelo apóstolo Paulo: *"Porque, segundo o homem interior, tenho prazer na lei de Deus".* (Romanos 7:22)

"Dou graças a Deus por Jesus Cristo, nosso Senhor. Assim que eu mesmo, com o entendimento, sirvo à lei de Deus, mas, com a carne, à lei do pecado". (Romanos 7:25)

Oração para a Restauração Espiritual

Pai, hoje enfrentei um dia de grandes lutas espirituais. Deixei-me abater por preocupações familiares e pelo peso de pensamentos excessivos que desgastaram o meu ser. Confesso, Senhor, que permiti que o negativismo roubasse a minha paz, fazendo com que a ansiedade sugasse as minhas energias. Esse desgaste atingiu o meu emocional, trouxe mal-estar ao meu corpo e um cansaço que parecia não ter fim.

Reconheço que essa carga foi fruto da minha falta de descanso em Ti. Tentei resolver as situações com minhas próprias mãos, esquecendo-me de que o Senhor não dorme e nem dormita; o Senhor tudo vê.

Só percebi o quanto estava sobrecarregada ao final do dia. Ao despertar durante a madrugada e começar a entoar hinos de louvor, senti a minha alma ser renovada. Após orar e cantar ao Senhor, foi como se um fardo pesado tivesse sido removido pelo Teu poder. Isso me mostra, Pai, o quanto a oração e o louvor são armas poderosas de libertação. Obrigada por me dares essa sensibilidade espiritual para discernir que tais sentimentos ferem tanto o meu físico quanto a minha alma.

Por isso, ó Deus meu, Rei meu e Consolador, resgata-me e restaura a minha alma! Levanta-me espiritualmente e ensina-me a louvar-Te em todo o tempo — não apenas na dor, mas como uma rotina constante de gratidão. Ensina-me a confiar em Ti de todo o meu coração, pois reconheço que nada sou sem a Tua presença. Como diz a Tua Palavra: *"Entrega o teu caminho ao Senhor; confia nele, e ele tudo fará"* (Sl 37:5). Amém.

Orientações para o leitor: Ore o Pai Nosso e os Salmos 91 e 37.

Oração pela Obediência e Temor ao Senhor

Pai querido, amado e bendito! Sei que a fé vem pelo ouvir e que, ao ouvir a Tua Palavra, o Espírito Santo me conduz à obediência. Compreendo que obedecer é tão vital quanto orar ou sacrificar, pois é a obediência que me mantém firme em Teus caminhos.

O Senhor traçou um propósito para a minha vida desde que eu estava no ventre de minha mãe; contudo, reconheço que preciso respeitar as Tuas leis e andar em Tua presença para não me desviar de Ti. Sei que declarar a obediência parece simples, mas o agir diário exige uma renúncia que não consigo alcançar sozinho(a). Por isso, clamo por Tua correção e por Tua guia espiritual.

Ensina-me, ó Pai, a fazer a Tua vontade. Grava as Tuas leis em meu coração para que eu possa dizer, com alegria: *"Deleito-me em fazer a tua vontade, ó Deus meu"* (Sl 40:8). Reconheço a minha pequenez diante de Ti: *"Eu sou pobre e necessitado; mas o Senhor cuida de mim"* (Sl 40:17).

Pai, cria em mim um coração que Te teme e que guarda os Teus mandamentos todos os dias, para que eu e meus filhos caminhemos em Tua benção para sempre, conforme a Tua promessa em Deuteronômio 5:29. Amém.

Orientações para o leitor: Agora, ore com fervor o Salmo 40 e o Pai Nosso.

Oração para Fortalecer a Alma

"Deus é o nosso refúgio e fortaleza, socorro bem presente na angústia." "Ele faz cessar as guerras até ao fim da terra; quebra o arco e

corta a lança; queima os carros no fogo". (Sl 46:1,9)

Ó Criador do mundo, Deus Onipotente, Onisciente e Onipresente! São tantos os Teus atributos que não consigo parar de Te louvar. Aleluia! Aleluia! Glórias a Deus! Santo, Santo és; Santo é o Teu nome! Invoco-Te agora para me fortalecer, pois somente o Senhor é capaz de acalmar o meu ser.

Pai querido, lanço-me aos Teus pés, pois, quando me entrego a Ti, não desejo mais me afastar. É um sentimento intenso, que transborda paz e alegria. É lindo, é maravilhoso, é inexplicável, ó Deus meu! Rei meu, glorioso e eterno.

Espírito Santo de Deus, edifica o meu corpo para que eu possa Te receber dignamente, em espírito e do fundo da minha alma. Ó minha Fortaleza, obrigada por me libertar da angústia e por me tirar dos "charcos de lodo". Somente o Senhor pode me fortalecer verdadeiramente.

Reconheço o quanto sou fraca sem a Tua misericórdia. O que seria de mim sem Ti, ó Criador? O Senhor é zeloso, Guardador e Protetor; o Senhor sempre batalha pelos Teus filhos. Quero Te servir por toda a minha vida! Por favor, contempla-me sempre com a Tua presença e com esse amor que tudo acalma. Amém.

Orientações para o leitor: Agora, ore com fervor o Salmo 46 e o Pai Nosso.

Oração pela Presença e Misericórdia de Deus

Senhor, como pude esperar tanto tempo da minha vida para enxergar a verdade e aprender a invocar a Tua presença? Eu sentia um vazio imenso e sabia que algo me faltava, mas não compreendia o que era — até descobrir que o Senhor esteve ao meu lado o tempo todo, tentando falar comigo. Eu não percebia, pois ainda não havia me entregue de verdade. Estava ocupada demais buscando o que a minha natureza humana julgava necessário, sem sequer imaginar quão grandiosa é a Tua presença e quão infinita é a Tua misericórdia.

Pois, como diz a Tua Palavra: *"Os sacrifícios para Deus são o espírito quebrantado; a um coração quebrantado e contrito não desprezarás, ó Deus"* (Sl 51:17).

Ó meu Deus, eu oro agora por todas as pessoas que sentem esse vazio na alma e que ainda não imaginam o que o Senhor pode lhes oferecer. Clamo para que elas enxerguem o que o Senhor realiza naqueles que O buscam, e que o Espírito Santo as contemple com a Sua presença. Peço, Pai, que elas tenham a oportunidade de Te buscar antes mesmo das provações e dos desertos; que a busca ocorra mais pelo amor do que pela dor.

Sabemos que, no deserto, o entendimento pode ser difícil no início, mas é precioso. Quando recebemos a Tua graça em espírito, tudo muda: a vida flui e a dor se dissipa, levando consigo a cegueira da fé. É como libertar-se de um encanto e encontrar o tesouro buscado por uma vida inteira. É um sentimento único, inexplicável e pleno.

Agradeço-Te, ó Senhor, por Ter me permitido conhecer-Te verdadeiramente, ainda que tenha sido em meio à dor. Hoje compreendo por que a Tua presença nos torna tão completos e felizes: fomos criados à Tua imagem e semelhança, e, sem Ti, é como se faltasse um pedaço de nós. Amém.

Orientações para o leitor: Agora, ore com o coração contrito o Salmo 51 e o Pai Nosso.

◆ ◆ ◆

Oração pela Gratidão e Contentamento

Obrigada, Deus, por tudo! Tudo o que possuo, seja pouco ou muito, foi o Senhor quem me deu. Neste momento de intimidade Contigo, peço perdão pela tristeza que senti hoje. Em um instante de distração, deixei-me abater pelo pensamento nas coisas que ainda não tenho e nos sonhos que ainda não sei quando irei conquistar. Reconheço que comecei o meu dia da forma errada.

A partir de agora, Pai, peço a Tua ajuda: faz-me lembrar de todas as bênçãos que um dia almejei e que já conquistei. Mostra-me, Senhor Deus Todo-Poderoso, tudo o que possuo e até onde cheguei pela Tua graça. Apesar de todas as dificuldades e lutas, continuo de pé graças ao Senhor. Sim, ainda há vida em mim para glorificar e louvar o Teu nome a cada novo amanhecer!

Ó Deus maravilhoso, que o Senhor e Jesus Cristo sejam sempre louvados em minha casa. Sei que não preciso de muito para viver, apenas do necessário, e somente o Senhor sabe o que me é essencial. Dá-me força para não fraquejar e jamais desistir de acreditar nas promessas que tens para a minha vida — pois sei que são grandiosas.

Ajuda-me a saber esperar o tempo certo para cada coisa. Somente o Senhor enxerga o futuro e conhece o meu destino; por isso, confio plenamente em Ti, ó Deus Pai Todo-Poderoso. Ó Senhor dos Exércitos, perdoa-me por minhas falhas, pois não sou merecedora(o), mas o Senhor é rico em misericórdia. Obrigada a Deus Pai, Deus Filho e Espírito Santo. Amém.

Orientações para o leitor: Agora, ore o Pai Nosso com muita fé e medite no Salmo 103.

◆ ◆ ◆

Oração para Crer no Invisível e Fortalecer a Fé

Senhor Jesus Cristo, assim como falaste a Tomé, o Teu discípulo: *"Bem-aventurados os que não viram e creram"* (Jo 20:29), peço-Te que reveles em mim essa mesma bem-aventurança. Tu és o nosso Redentor vivo! Faze-me acreditar, a cada dia mais, na Tua presença, na Tua glória e na Tua misericórdia. Que os meus olhos espirituais se abram para enxergar o Teu agir, mesmo quando o mundo físico nada mostra.

Sei que a falta de fé é um obstáculo para as bênçãos e os milagres que o Senhor deseja realizar. O milagre acontece quando cremos na vitória antes mesmo de vê-la materializada; quando imaginamos a promessa cumprida e declaramos com autoridade: "Minha vitória chegará, o meu tempo virá e o meu milagre se manifestará, em nome de Jesus Cristo!".

Neste momento, eu declaro a minha fé:

Creio na prosperidade em todas as áreas da minha vida;

Creio na cura divina para as enfermidades (mencione aqui o que necessita de cura);

Creio na paz absoluta do meu lar e na libertação de toda opressão;

Creio no fim das guerras, das perseguições e no abrir de portas que o Senhor preparou;

Creio na conversão e na salvação de todos aqueles que amo.

Senhor, eu sei que o inimigo não tem poder para segurar as bênçãos sobre a minha família. Eu creio que o socorro virá, que o deserto é passageiro e que a minha vida voltará a florescer. Eu colherei o que plantei, pois semeei em oração e colherei milagres, presença divina e vida eterna. Em nome de nosso Senhor Jesus Cristo, eu creio! Amém.

Orientações para o leitor:

Meditação na Palavra: Reflita nestas verdades que sustentam a sua fé:

"Porque nele se descobre a justiça de Deus de fé em fé, como está escrito: Mas o justo viverá da fé". (Romanos 1:17)

"Ora, a fé é o firme fundamento das coisas que se esperam, e a prova das coisas que se não veem". (Hebreus 11:1)

Oração para Vencer o Medo e as Amarras do Passado

Ó meu Deus e Pai Todo-Poderoso, em nome de Jesus Cristo, entro em Tua presença neste momento de entrega, confiança e fé. Senhor, hoje faço um desabafo sincero: por muitos anos, o medo de que algo desse errado foi a minha sombra. Era um sentimento que eu não sabia explicar, mas que me perseguia. Sempre que algo bom acontecia, eu já esperava pelo pior; minha mente dizia: "logo virá uma tempestade".

Quantos sonhos em minha vida profissional ficaram estagnados e frustrados por causa desses pensamentos! O "E se...?" tornou-se um monstro em meu caminho. Eu pensava: "E se não der certo? E se eu perder meu tempo? E se eu for criticada ou rejeitada?". Esse medo foi um obstáculo cruel que acorrentou o meu potencial e a minha carreira.

Por isso, hoje eu Te peço, ó glorioso Deus de respostas e de milagres: corta esse mal da minha vida de uma vez por todas! Eu não sei a origem dessa amarra, mas imploro que o Senhor a arranque pela raiz. Quebra as correntes que me prenderam por tanto tempo. Eu declaro que agora sou livre pelo sangue de Jesus Cristo, que foi derramado na cruz para nos resgatar!

Eu recebo e creio no destravar de Deus sobre a minha história. O meu Redentor vive! O meu Redentor vive! O meu Redentor vive! O sangue de Cristo tem poder! O sangue de Cristo tem poder! O sangue de Cristo tem poder! Amém.

Orientações para o leitor:

Ação de Fé: Repita com autoridade as frases finais desta oração sempre que o medo tentar retornar à sua mente. O louvor e a declaração da vitória são armas de libertação.

Meditação na Palavra: Após este clamor de libertação, medite na promessa de Deus para a sua vida: *"Não temas, porque eu sou contigo; não te assombres, porque eu sou o teu Deus: eu te esforço, e te ajudo, e te sustento com a destra da minha justiça"*. (Isaías 41:10)

Prática de Fé: Ore o Pai Nosso e o Salmo 91, declarando que o Senhor é o seu refúgio e a sua fortaleza, e que nenhum mal te atingirá.

◆ ◆ ◆

Oração de Gratidão e Reconhecimento a Cristo

Deus Pai Todo-Poderoso, invocamos a Tua presença através do Espírito Santo, para que o Senhor coloque em nossos lábios as palavras certas para agradecermos a Cristo. Gratidão pela reconciliação que Ele nos proporcionou ao morrer na cruz por nós, pecadores, cumprindo o Teu plano perfeito. Pela obediência de Cristo, a salvação alcançou o mundo, libertando a humanidade do abismo que nos separava do Senhor desde o pecado no Éden. Foi esse sacrifício que nos devolveu a esperança da vida eterna e o acesso à Tua Graça.

"Mas Deus prova o seu amor para conosco, em que Cristo morreu por nós, sendo nós ainda pecadores. Logo muito mais agora, sendo justificados pelo seu sangue, seremos por ele salvos da ira ". (Rm 5:8-9)

Ó Jesus Cristo, comovemo-nos com o Teu sofrimento e com a Tua entrega na cruz. Somos eternamente gratos, pois o Teu sangue foi derramado para nos resgatar. Reconhecemos que não somos merecedores, pois somos falhos; mas confessamos que Tu és Santo! Santo é o Teu nome! Bendito és Tu, Jesus, Filho de Davi! Ó Cordeiro de Deus, que tira o pecado do mundo, aleluia! Glórias a Ti! Glórias a Deus!

Perto de Ti queremos estar, ó nosso Redentor, que em Tua infinita mansidão lavaste os pés dos Teus discípulos. Jesus Se humilhou diante da humanidade para nos ensinar que não devemos ser soberbos, mas humildes de coração. Muito obrigada, Cristo! Queremos nos prostrar aos Teus pés e reconhecer que Tu és o Filho de Deus, o nosso único Salvador. Tu venceste o mundo! Aleluia! Aleluia! Aleluia! Amém.

Orientações para o leitor: Ore o Pai Nosso fervorosamente.

Meditação: Reflita no amor e na humildade de Jesus descritos no Evangelho de João:

"Ora, antes da festa da páscoa, sabendo Jesus que já era chegada a sua hora de passar deste mundo para o Pai, como havia amado os seus, que estavam no mundo, amou-os até ao fim. [...] Depois deitou água numa bacia, e começou a lavar os pés aos discípulos, e a enxugá-los com a toalha com que estava cingido". (Jo 13:1,5)

Oração do Desembaraço Espiritual

Deus Pai Todo-Poderoso! Deus de glória, de honra e de poder; Deus de aliança, de esperança e de cuidado. Tu és o Deus da graça, dos milagres, das alegrias e da misericórdia. Tu és presença, apoio, proteção e defesa. Deus de perdão, de sabedoria, de criação e de salvação!

Muitas vezes, Senhor, não sabemos o que pedir, nem como pedir; mas clamamos em nome de Jesus Cristo e sob a guia do Espírito Santo, para que Ele coloque em nossos lábios as palavras certas. Por favor, ó Deus, remove todo embaraço de nossas mentes e de nossos pensamentos. Rasga o véu que nos cega nos dias turbulentos e angustiantes. Desembarace a nossa visão para que enxerguemos somente segundo o Teu querer, e não conforme a nossa natureza humana.

Somos criados à Tua imagem e semelhança, mas dependemos da Tua direção. É o Senhor quem nos concede sabedoria para tudo: para o agir, para os dons e, acima de tudo, para o orar. Não somos capazes de nos comunicar Contigo de forma profunda se o Senhor não nos permitir. Sabemos que a nossa oração chega ao Teu trono — seja um clamor de meia hora ou uma súplica de um minuto; o resultado é incomparável quando o coração e a alma estão entregues.

O embaraço causado pelo medo e pela fraqueza muitas vezes nos impede de professar a verdade. Por isso, Pai maravilhoso e querido, pedimos: retira todo e qualquer impedimento que nos atrapalhe de Te buscar. Que a nossa comunicação Contigo seja livre e sincera, em nome de Jesus Cristo. Amém.

Orientações para o leitor:

Reflexão: Medite nesta advertência sobre a motivação do nosso coração ao orar: *"Pedis, e não recebeis, porque pedis mal, para o gastardes em vossos deleites".* (Tiago 4:3)

Prática de Fé: Ore o Pai Nosso e o Salmo 91, pedindo que o Senhor limpe a sua mente de toda confusão.

◆ ◆ ◆

Oração pela Primazia da Presença de Deus

Ó Senhor dos Exércitos, hoje o meu dia foi marcado pela confusão. Ao levantar, não busquei a Tua face como deveria e como costumo fazer diariamente. Minha mente amanheceu cansada diante dos afazeres e, infelizmente, foquei tanto nas tarefas que me preocupei mais com as obrigações do que com a minha própria alma.

Esqueci-me de que o meu espírito necessita ser alimentado primeiro, para que só então o meu corpo entre em funcionamento sob a Tua direção. Como consequência dessa negligência, tive um dia perturbador e sem rumo. Mesmo quando tentei buscar a Tua Palavra naquela correria, não consegui me concentrar. O meu dia foi atordoado e nada rendeu conforme o esperado.

Encerro este dia com a mente e o corpo exaustos, sem sequer terminar as minhas tarefas. Reconheço, Senhor, que isso aconteceu porque não dediquei o tempo necessário para falar Contigo. Senti falta da Tua voz, Pai! Por isso, agora que me preparo para dormir, peço pela honra da Tua presença. Concede-me um sono sereno e tranquilo. Abraça-me com o Teu Espírito Santo e inunda o meu ser com o Teu amor e a Tua paz. Perdoa-me, meu Deus, por não Te colocar em primeiro lugar no dia de hoje. Amém.

Orientações para o leitor:

Prática de Fé: Ore o Pai Nosso e o Salmo 23, descansando na certeza de que o Senhor é o seu Pastor e que amanhã será um novo dia de recomeço sob a Sua guia.

Oração de Fortalecimento e Perseverança

Pai, peço-Te em nome de Jesus: fortalece a minha fé! Assim como Cristo foi conduzido pelo Espírito Santo ao deserto para ser provado e fortalecido, vencendo os ataques do inimigo através da Tua Palavra, capacita-me também.

Sei que não serei poupado(a) dos momentos difíceis, mas, com a Tua presença, confio que sairei vitorioso(a) de cada sofrimento e luta, conforme a Tua vontade. Podemos até fraquejar fisicamente, mas a nossa alma será revigorada, pois viveremos o melhor que o Senhor reservou para nós.

A vinda de Cristo foi o cumprimento da missão de um Filho obediente ao Pai. O Senhor enviou Jesus para resgatar a humanidade da desobediência que pesava sobre nós desde o princípio. O sangue de Cristo, derramado na cruz do Calvário, justificou os nossos pecados e nos reconciliou com o Criador, devolvendo-nos a esperança da vida eterna. Pois, como diz a Escritura:

"Pois assim como por uma só ofensa veio o juízo sobre todos os homens para condenação, assim também por um só ato de justiça veio a graça sobre todos os homens para justificação de vida". (Rm 5:18)

Deus, por favor, concede-nos ânimo, coragem e paciência. Alimenta-nos com a Tua Palavra para que, a exemplo de Jesus, possamos cumprir com êxito a nossa jornada terrena, segundo o Teu querer. Amém.

Orientações para o leitor:

Meditação na Vitória de Cristo: Lembre-se das palavras do Mestre: *"Tenho-vos dito isto, para que em mim tenhais paz; no mundo tereis aflições, mas tende bom ânimo, eu venci o mundo".* (Jo 16:33)

Confiança no Amparo Divino: Repita com o Rei Davi: *"A minha alma te segue de perto; a tua destra me sustenta."* (Sl 63:8)

Prática de Fé: Reflita nestas promessas, ore o Salmo 46 e o Pai Nosso com profunda fé.

Oração para Vencer Bloqueios e Concluir Propósitos

Pai querido, hoje confesso que me senti fraca por não conseguir colocar em prática tudo o que o Senhor tem para mim. Um bloqueio inesperado tomou conta do meu ser; foram dias sem conseguir retomar a minha escrita e o meu diálogo Contigo. Em minha mente, havia apenas inquietação, angústia e falta de concentração. Fui cercada por distrações que me impediram de cumprir o meu papel e de prosseguir com o que comecei.

Era um sentimento estranho, uma desordem nos pensamentos que tornava a minha mente pesada e impedia que as boas ideias fluíssem. Senti uma falta de ânimo que parecia roubar inclusive a minha inspiração. Ainda bem, Senhor, que não desisti de Te buscar em oração e na Tua Palavra. Sei que, nesses momentos de turbulência, parece difícil ouvir a Tua voz; mas, ao clamar com fervor pela Tua presença, o Senhor me responde.

Tua Palavra é doce como o mel! Ela inunda o meu coração de alegria e esperança. É um momento lindo, Pai; sinto-me como uma planta que, após a seca, recebe a água e volta a florescer.

Obrigada, Espírito Santo de Deus, por não me deixares desistir! Obrigada por sempre me reanimar e renovar as minhas forças. Hoje, após dias de bloqueio, volto a servir ao Senhor dos Exércitos com alegria. Muito obrigada, Deus Pai, Filho e Espírito Santo, por me resgatarem em nome de Jesus Cristo. Amém.

Orientações para o leitor:

Prática de Fé: Se você se sente travado em algum projeto ou propósito, não pare de clamar. Ore o Pai Nosso e o Salmo 33 com muita fé, declarando que a alma do justo espera no Senhor, pois Ele é o nosso auxílio e escudo.

Oração por Restituição e Cura da Alma

Assim como o Senhor nos deu o sopro da vida, somente o Senhor tem o poder sobre ela. Por mais que soframos ataques espirituais, o mal não prevalecerá, pois esta guerra já foi vencida por Cristo na cruz.

Deus Todo-Poderoso, Senhor dos céus e da terra! Sei que o maligno tenta usar as nossas mentes para nos confundir e desanimar. Por isso, peço que me libertes dos pensamentos negativos e do peso das más notícias, protegendo-me de toda enfermidade da alma, como a depressão e o pânico.

Neste momento, suplico que o Senhor restitua a saúde daqueles que sofrem com a amargura, a ansiedade, a insônia e o medo. Clamo por todos que são acometidos por esses males em meio a traumas, baixa autoestima e situações que ferem o íntimo do ser.

Ó Senhor dos Exércitos, Deus e Pai! Peço que nos concedas a graça da restituição. Se for da Tua vontade, restitui em nossas vidas tudo o que o deserto nos roubou — principalmente a fé que, por vezes, é obscurecida pela dor. Contempla-nos com a Tua presença em nome de Jesus Cristo; livra-nos das angústias, dos erros e das marcas do passado.

Enche os nossos corações de esperança e vivifica as nossas almas, pois necessitamos do Teu fortalecimento através da cura espiritual e da paz interior. Sei que o Senhor deseja nos ver sorrir novamente. Remove de nossos ombros o fardo e a escuridão do sofrimento, concedendo-nos a alegria que vem do Teu amor e da Tua Palavra. Restaura-nos com a Tua luz e liberta-nos, em nome de Jesus Cristo. Glórias Te damos! Aleluia! Amém.

Orientações para o leitor:

Prática de Fé: Ore o Pai Nosso e o Salmo 43, declarando que Deus é a sua fortaleza e que a Sua luz e verdade o guiarão ao santo monte.

◆ ◆ ◆

Oração para Aguardar o Tempo de Deus

Senhor, reconheço que nada do que buscamos ou planejamos acontece sem a Tua permissão. Nada sai do lugar se o Senhor não desejar; as coisas só se manifestam quando o Senhor as permite.

Por isso, Pai, peço-Te paciência e a sabedoria que somente Tu podes conceder. Mostra-me como agir para ser digna(o) das Tuas bênçãos e direciona-me a seguir os Teus passos. Vem e guia o meu caminhar! Senhor, não permitas que eu me sinta perdida(o) ou que a ansiedade tome conta do meu coração. Guia-me através do Teu Espírito Santo e ensina-me a aguardar o tempo perfeito para receber as vitórias que já designaste para mim.

Acalma o meu coração e revela-me o momento certo de realizar a Tua vontade em minha vida. Fui criada(o) à Tua imagem e semelhança, mas reconheço que, sozinha(o), não posso agir. Fala comigo, Senhor! Em nome de Jesus, afasta de mim toda inquietação causada pela dificuldade de esperar o Teu agir. Eu confio em Ti. Amém.

Orientações para o leitor: Ore o Pai Nosso com muita fé.

Reflexão: Medite nesta verdade eterna sobre o tempo:

"Tudo tem o seu tempo determinado, e há tempo para todo o propósito debaixo do céu". (Eclesiastes 3:1)

◆ ◆ ◆

Oração por Cura e Restauração das Funções Vitais

Senhor, Tu és a minha vida, a minha luz e a minha direção! Meu coração arde em Tua presença e faltam-me palavras para agradecer por Jesus Cristo, pelo Espírito Santo e por Tua infinita misericórdia. Como eu Te amo! Obrigada por tudo. Agora, Pai, imploro por Tua manifestação poderosa. Ajuda-me a buscar-Te cada dia mais e a fortalecer-me em Tua presença e em Tua Palavra.

Obrigada por me ouvires, por me protegeres e por amparares a todos que necessitam. Sei que nada sou, nem merecedora de Tua atenção, mas hoje coloco diante de Ti todos os que enfrentam enfermidades. Especialmente, Senhor, clamo por aqueles que estão acamados, nos leitos de hospitais, com a saúde debilitada. Intercedo especificamente por aqueles que não conseguem se alimentar; aqueles que sentem obstruções, dificuldades em deglutir e que sofrem com engasgos frequentes, sejam por causas neurológicas, respiratórias ou outras condições adversas.

Pai, sabemos que o Senhor deseja o nosso bem. Por isso, imploro: toca nestas vidas em situações tão delicadas! Toca profundamente nas áreas afetadas, nas gargantas e vias respiratórias. Vem limpando, Senhor, cada secreção e cada impedimento com Tuas mãos abençoadas. Através do Espírito Santo, restaura a saúde dessas pessoas. Que o Teu fogo purificador remova todo mal, restaurando traqueias, pulmões, estômagos e esôfagos.

Toca, ó Deus, naqueles que sofrem com hipotonia, refluxo e distúrbios gástricos ou intestinais. Clamo também por aqueles que, após um acidente vascular cerebral (AVC), perderam a capacidade de se alimentar pela boca e dependem de sondas. Senhor dos Exércitos, remove todo bloqueio que impede a nutrição e o bem-estar desses Teus filhos!

Eu creio na libertação, na cura e no milagre através da fé daqueles que clamam e das famílias que sofrem juntas. Em nome de Jesus Cristo, que todo esse sofrimento cesse e as forças sejam restauradas! Amém.

Orientações para o leitor:

Ação de Fé: Ore o Pai Nosso e o Salmo 70 com muita fé. Ao orar, feche os olhos e visualize a cura acontecendo, pois a fé é a certeza do que ainda não se vê.

◆ ◆ ◆

Oração pelas Gestantes e o Dom da Vida

Pai, a gestação é um momento sagrado e especial na vida de uma mulher, mas reconhecemos que ela também traz consigo muitas preocupações. A cada semana que passa, a ansiedade pode tentar se instalar, pois sabemos que cada fase é crucial para o desenvolvimento do bebê. Por isso, Senhor, é necessário renovar a fé e a confiança de que o Senhor está no controle de tudo.

Venho por meio desta oração pedir a Tua misericórdia sobre cada gestante. Concede, ó Deus, equilíbrio emocional e um direcionamento claro para cada uma delas. Ó Espírito Santo, afasta toda ansiedade, preocupação e tensão nervosa. Remove o cansaço excessivo e os pensamentos negativos, guardando a mente e o coração dessas futuras mamães.

Protege-as, Senhor, de todo tipo de mal, especialmente durante o sono, para que possam descansar plenamente. Que elas se lembrem de que, em seus ventres, habita uma vida preciosa, um novo sopro que o Senhor abençoou com o dom da existência. Que a paz de Cristo as envolva continuamente.

Sabemos que o Senhor vela por cada um de Teus filhos desde a concepção. Peço que as acompanhes em cada etapa, para que tudo transcorra segundo a Tua vontade. Que Jesus interceda por essas mães no momento do parto e em sua recuperação, e que os Teus anjos se acampem nas portas das maternidades, garantindo que essas crianças venham ao mundo com saúde e segurança. Em nome de Jesus Cristo, amém.

Orientações para o leitor: Ore o Pai Nosso e medite na alegria de Ana e nas promessas do Senhor.

Reflexão Bíblica:

O Cântico de Ana: *"O meu coração exulta ao Senhor, o meu poder está exaltado no Senhor [...] Não há Santo como é o Senhor; porque não há outro fora de Ti: e rocha nenhuma há como o nosso Deus"*. (1 Sm 2:1-2)

"Ele faz com que a mulher estéril habite em família e seja alegre mãe de filhos. Louvai ao Senhor"! (Sl 113:9)

Oração pelo Respeito e pela Visão do Bem

Ó Deus, reconheço que é muito fácil enxergar os defeitos alheios e, muitas vezes, difícil admitir os meus próprios. Como seres humanos, temos a inclinação de apontar o dedo e agir como juízes sobre a vida do próximo.

Pai, peço a Tua ajuda para enxergar o lado bom das pessoas — inclusive daquelas que não me amam ou que me perseguem. Ajuda-me a conviver em harmonia com todos, sejam eles próximos a mim ou não. Quando não nos identificamos com alguém ou quando percebemos diferenças gritantes em criações e valores, tornamo-nos ainda mais críticos. Muitas vezes, queremos que os outros pensem e ajam exatamente como nós, esquecendo-nos de que cada ser é único.

Por isso, ensina-me, Senhor, a respeitar o jeito de ser de cada um, entendendo que ninguém é perfeito e que todos estamos em processo de aprendizado. Concede-me um coração generoso e uma visão que busca a paz. Amém.

Orientações para o leitor: Ore o Pai Nosso e peça ao Senhor que limpe o seu olhar de todo julgamento.

Reflexão na Palavra: Medite seriamente neste ensinamento de Jesus:

"Não julgueis, para que não sejais julgados". (Mateus 7:1)

◆ ◆ ◆

Oração pela Paciência e pelo Descanso no Tempo de Deus

Pai, eu não quero deixar de crer que o Senhor suprirá todas as minhas necessidades. Sei que as bênçãos virão no momento exato, conforme o Teu cronograma divino. Ajuda-me a aceitar que a minha hora chegará e permite-me continuar a Te buscar, servir, orar e louvar, disseminando a Tua Palavra e praticando o bem sem distinção.

Acredito que o Senhor me ouve, pois sei que jamais rejeitas uma oração sincera. Por isso, ó Senhor dos Exércitos, toca em minha alma quando ela se sentir aflita ou ansiosa diante do Teu silêncio. Ensina-me a não ser imediatista nem precipitada. Compreendo que tudo o que é feito com pressa e sem a Tua direção traz consequências graves e cicatrizes que poderiam ser evitadas.

Só o Senhor conhece o amanhã. Obrigada, meu Deus, por tudo o que tens concedido a mim e à minha família até aqui. Obrigada por me manter de pé, firme em Tua presença. Amém! Glórias a Deus!

Mensagem ao Coração:

O fato de uma benção não se manifestar de imediato pode nos levar ao erro de pensar que não estamos sendo ouvidos. No entanto, é no silêncio que Deus sonda os nossos corações e trabalha em nosso caráter. Ele conhece os nossos limites, as nossas fraquezas e sabe exatamente o quanto podemos suportar. Simplesmente creia!

Oração: Ore o Pai Nosso com muita fé.

Reflexão na Palavra: Medite nesta promessa de encontro com o Pai:

"Então, me invocareis, e ireis, e orareis a mim, e eu vos ouvirei. E buscar-me-eis e me achareis, quando me buscardes de todo o vosso coração". (Jeremias 29:12-13)

◆ ◆ ◆

Oração para Atrair as Bênçãos Divinas

Pai, ajuda-me a atrair e a cultivar coisas boas em minha vida. Mostra-me o que devo fazer para agradar-Te e para que a minha conduta seja do Teu agrado. Estreita o meu relacionamento Contigo e inclina os Teus ouvidos ao meu clamor. Age em meu favor e tem misericórdia da minha alma.

Faz-me crer a cada dia mais, sem que eu desanime de orar e vigiar. Quando a minha fé enfraquecer, sussurra em meus ouvidos e toca em cada fibra do meu ser, para que eu sinta a Tua presença e para que a minha mente e os meus olhos espirituais se abram. Não importa o tempo que leve, concede-me serenidade para perseverar. Ensina-me a ter comunhão Contigo continuamente e não permitas que eu fraqueje jamais. Amém.

Orientações para o leitor:

Prática de Fé: Ore o Pai Nosso e o Salmo 37 fervorosamente, descansando na promessa de que, se você se deleitar no Senhor, Ele concederá os desejos do seu coração.

◆ ◆ ◆

Oração pelas Famílias que Lutam contra os Vícios

Ó Deus precioso, glorioso e maravilhoso! Deus de poder e honra, nós Te glorificamos, Te adoramos e Te bendizemos. Aleluia! Somente o Senhor pode todas as coisas. Glórias e glórias Te damos! Bendito é Jesus Cristo, que intercede por nós à Tua direita.

Pai, entro em Tua presença neste momento para interceder por todas as famílias que sofrem com o peso dos vícios — seja qual for a natureza deles. Oro, especialmente, pelas mães e pelos pais que veem seus filhos perdidos no mundo das drogas. Olhai por aqueles que, exaustos pela caminhada, pensam em desistir de seus entes queridos, pois sabem o quanto essa luta é desgastante e dolorosa.

Espírito Santo de Deus, sopra sobre esses lares! Alivia o sofrimento e dissipa a tristeza. Tem misericórdia de cada família. Por favor, Deus, revela a Tua voz e a Tua força a eles; levanta-os e renova a esperança em seus corações. Não permitas que desistam de lutar, pois a vitória chegará no tempo certo. Concede vigor aos cansados e aos que estão com a fé enfraquecida, para que continuem a orar fervorosamente. Sabemos que, muitas vezes, a mudança acontece no "último minuto", quando a força física se esgota e sobra apenas a confiança em Ti.

Ó Deus, sabemos que quando o ser humano para de lutar com os próprios braços e decide entregar a causa verdadeiramente em Tuas mãos — quando o homem crê que não há mais jeito — é que o Senhor chega, realiza o milagre e conclui a obra, surpreendendo a todos.

Assim como aconteceu com Lázaro: quando ninguém mais esperava e a esperança parecia morta, Cristo chegou e operou a ressurreição. O Senhor quer que acreditemos em Ti sempre, pois a Tua obra é completa. Amém.

Orientações para o leitor: Ore o Pai Nosso e peça ao Senhor que "tire a pedra" do desespero do seu coração.

Reflexão na Palavra: Medite nestas passagens de autoridade e vitória:

"Disse Jesus: Tirai a pedra. Marta, irmã do defunto, disse-lhe: Senhor, já cheira mal, porque é já de quatro dias. Disse-lhe Jesus: Não te hei dito que, se creres, verás a glória de Deus"? (João 11:39-40)

"Quem é que vence o mundo, senão aquele que crê que Jesus é o Filho de Deus"? (1 João 5:5)

Oração de Proteção e Prosperidade para o Comércio

Ó Pai querido e amado, maravilhoso e bendito! Em nome de Jesus Cristo, peço que ouças este clamor. Primeiramente, Senhor, peço perdão por todos os meus pecados e falhas; por tudo aquilo que possa me afastar de Ti e da presença do Teu Santo Espírito.

Hoje, intercedo pelos estabelecimentos comerciais, pelos seus empresários, administradores, colaboradores e parceiros. Suplico pela libertação de toda negatividade e de qualquer influência maligna que tente se instalar nesses ambientes, que são fontes de renda e sustento para tantas famílias.

Ó Paizinho querido, sabemos que locais de grande circulação de pessoas estão expostos a diversos pensamentos e intenções. Cada um carrega consigo uma bagagem espiritual diferente e, muitas vezes, esses ambientes são atingidos por olhares de inveja, raiva ou maldição. Porém, confiamos na Tua Palavra que diz: *"Nenhum mal te sucederá, nem praga alguma chegará à tua tenda"* (Sl 91:10). Dá ordens aos Teus anjos, Senhor, para que guardem estes estabelecimentos e todos os que neles trabalham contra toda maldade.

Pedimos, ó Deus, que atraias a estes locais pessoas bem-intencionadas, de bom coração, que desejem semear o bem, a luz, o amor e a união. Afasta, por favor, aqueles que buscam o mal. Que todos sejam livres de contendas, assaltos, tempestades e qualquer forma de perigo. Que cada pessoa que cruzar estas portas seja abençoada. Faz desses lugares ambientes de paz e prosperidade, e concede-nos a honra da Tua gloriosa presença. Em nome de Jesus Cristo, amém!

Orientações para o leitor:

Prática de Fé: Ao chegar ao seu local de trabalho ou comércio, ore com muita fé o Pai Nosso e os Salmos 91 e 23, consagrando o ambiente ao Senhor.

◆ ◆ ◆

Oração para Fortalecer a Fé e Vencer a Carne

Nascemos sem saber o que o futuro nos reserva, mas o nosso Criador conhece cada um de nossos dias. Frequentemente buscamos a felicidade plena nesta terra, esquecendo-nos de que ela é passageira. Por isso, precisamos valorizar cada minuto, cada sorriso e cada abraço ao lado de quem amamos, pois a vida terrena é breve e instável.

Reconheço, Senhor, que somos egoístas por natureza quando nos deixamos dominar pela carne. Diante dessas inclinações, peço socorro para a minha alma! A carne milita contra o espírito que busca converter-se pela Tua graça. Somente o Senhor dos Exércitos, junto a Jesus e ao Espírito Santo, pode nos conceder forças para vencer as nossas lutas constantes.

Assim como disseste ao apóstolo Paulo sobre o espinho na carne: *"A minha graça te basta, porque o meu poder se aperfeiçoa na fraqueza"* (2Co 12:9). Sim, Senhor, eu reconheço que sem Ti nada sou; se retirares a Tua mão de sobre mim, o meu barco afundará. Fortalece-me em minha fraqueza, em nome de Jesus Cristo, para que eu também possa declarar: *"Porque quando estou fraco, então sou forte"* (2Co 12:10).

Deus, ensina-me a viver o Teu melhor enquanto eu for apenas uma hóspede nesta terra. Não permitas que as setas inflamadas do maligno me consumam. Que a Tua luz reine em minha casa, em meu trabalho e por onde eu passar. Toca profundamente o meu ser para que eu jamais me esqueça de quão bom o Senhor é. Refrigera a minha alma, reforça a minha fé e preenche-me com a Tua honrosa e gloriosa presença, tanto nos momentos de paz quanto nos de aflição. Amém.

Orientações para o leitor: Ore o Pai Nosso e peça ao Senhor que mantenha a sua chama acesa.

Reflexão: Medite na soberania de Deus sobre a sua vida e lembre-se: você está de passagem, mas o seu destino é a eternidade com o Pai.

O Início da Sua Nova Jornada

Chegamos ao fim desta leitura, mas desejo que este seja apenas o começo do seu verdadeiro **Compromisso com Deus**. Ao compartilhar a minha história de vida real — com seus altos, baixos, lutos e milagres — o meu objetivo foi mostrar que a presença do Criador não é um conceito distante, mas uma rocha firme onde podemos repousar o nosso coração.

Aprendemos juntos que a cegueira espiritual pode nos afastar do que é eterno, mas que o toque do Espírito Santo é capaz de abrir nossos olhos e restaurar a nossa visão. Vimos que, mesmo nos desertos mais áridos, Deus está trabalhando em silêncio, moldando o nosso caráter e preparando a nossa vitória.

A história da minha pequena Sophia e a chegada do José Felipe são provas de que o tempo de Deus é perfeito, ainda que, por vezes, seja difícil de compreender. Hoje, compreendo que cada lágrima derramada nas escadas daquele hospital foi uma semente que floresceu neste livro, para que você também possa encontrar consolo e direção.

Não caminhe mais sozinho (a).

Fale com Deus diretamente. Busque a vida em comunidade na Igreja. Alimente-se diariamente do pão espiritual contido nas Escrituras. Que as orações e o método: Elo da Intimidade que apresentei aqui sirvam de ferramentas para o seu fortalecimento diário. Lembre-se: o inimigo ruge, mas o Leão de Judá já venceu a batalha por você.

Agradeço por me permitir fazer parte da sua caminhada espiritual através destas páginas. Que a paz de Cristo, que excede todo o entendimento, guarde o seu coração e a sua mente hoje e para

todo o sempre.
Com fé e gratidão,

Luzia Alves Castelo Branco

MOMENTO COM AS ESCRITURAS: SALMOS CITADOS PARA MEDITAÇÃO

Abaixo, você encontrará a íntegra dos Salmos mencionados ao longo desta obra, dispostos na mesma ordem das orações. Que a leitura dessas passagens sagradas sele as petições feitas ao Pai e traga clareza à sua caminhada.

Nota: *Os textos bíblicos aqui reproduzidos seguem a versão **Almeida Revista e Corrigida (ARC)**.*

Salmo 91: Aquele que habita no esconderijo do Altíssimo, à sombra do onipotente descansará. Direi do Senhor: Ele é o meu Deus, o meu refúgio, a minha fortaleza, e nele confiarei. Porque ele te livrará do laço do passarinheiro, e da peste perniciosa. Ele te cobrirá com as suas penas, e debaixo das suas asas estarás seguro: a sua verdade é escudo e broquel. Não temerás espanto noturno, nem seta que voe de dia. Nem peste que ande na escuridão, nem mortandade que assole ao meio dia. Mil cairão ao teu lado, e dez mil à tua direita, mas tu não serás atingido. Somente com os teus olhos olharás, e verás a recompensa dos ímpios. Porque tu, ó

Senhor, és o meu refúgio! O altíssimo é a tua habitação. Nenhum mal te sucederá, nem praga alguma chegará a tua tenda. Porque aos seus anjos dará ordem ao teu respeito para que te guardem em todos os teus caminhos. Eles te sustentarão nas suas mãos, para que não tropeces com o teu pé em pedra. Pisarás o leão e o áspide; calcarás aos pés o filho do leão e a serpente. Pois que tão encarecidamente me amou, também eu o livrarei; pô-lo-ei num alto retiro, porque conheceu o meu nome. Ele me invocará, e eu lhe responderei; estarei com ele na angústia; livrá-lo-ei e o glorificarei. Dar-lhe-ei abundância de dias, e lhe mostrarei a minha salvação.

Salmo 27: O Senhor é a minha luz e a minha salvação; a quem temerei? O Senhor é a força da minha vida; de quem me recearei? Quando os malvados, meus adversários, e meus inimigos, investiram contra mim, para comerem as minhas carnes, tropeçaram e caíram. Ainda que um exército me cercasse, o meu coração não temeria: ainda que a guerra se levantasse contra mim, nele confiaria. Uma cousa pedi ao Senhor, e a buscarei: que possa morar na casa do Senhor todos os dias da minha vida, para contemplar a formosura do Senhor, e aprender no seu templo. Porque no dia da adversidade, me esconderá no seu pavilhão, no oculto do seu tabernáculo me esconderá: pôr-me-á sobre uma rocha. Também a minha cabeça será exaltada sobre os meus inimigos que estão ao redor de mim: pelo que oferecerei sacrifício de júbilo no seu tabernáculo; cantarei, sim, cantarei louvores ao Senhor. Ouve, Senhor, a minha voz quando clamo; tem também piedade de mim, e responde-me. Quando tu disseste: Buscai o meu rosto; o meu coração te disse a ti: O teu rosto, Senhor, buscarei. Não escondas de mim a tua face; não rejeites a teu servo com ira: tu foste a minha ajuda, não me deixes nem me desampares, ó Deus da minha salvação. Porque, quando o meu pai e minha mãe me desampararem, o Senhor me recolherá. Ensina-me, Senhor, o teu caminho, e guia-me pela vereda direita, por causa dos que me andam espiando. Não me entregues à vontade dos meus adversários; pois se levantam falsas testemunhas contra mim, e os que respiram crueldade. Pereceria sem dúvida, se não cresse que veria os bens do Senhor na terra dos viventes. Espera no Senhor, anima-te, e ele fortalecerá o teu coração; espera, pois, no Senhor.

Salmo 6: Senhor, não me repreendas na tua ira, nem me castigues no teu furor. Tem misericórdia de mim, Senhor, porque sou fraco; sara-me, Senhor, porque os meus ossos estão perturbados. Até a minha alma está perturbada; mas tu, Senhor, até quando? Volta-te, Senhor, livra a minha alma; salva-me por tua benignidade. Porque na morte não há lembrança de ti; no sepulcro quem te louvará? Já estou cansado do meu gemido; toda a noite faço nadar a minha cama: molho o meu leito com as minhas lágrimas. Já os meus olhos estão consumidos pela mágoa, e têm envelhecido por causa de todos os meus inimigos. Apartai-vos de mim todos que praticais a iniquidade; porque o Senhor já ouviu a voz do meu lamento. O Senhor já ouviu a minha súplica; o Senhor aceitará a minha oração. Envergonhe-se e perturbem-se todos os meus inimigos; tornem atrás e envergonhem-se num momento.

Salmo 23: O Senhor é o meu pastor: nada me faltará. Deitar-me faz em verdes pastos, guia-me mansamente a águas tranquilas. Refrigera a minha alma; guia-me pelas veredas da justiça, por amor do seu nome. Ainda que eu andasse pelo vale da sombra da morte, não temeria mal algum, porque tu estás comigo; a tua vara e o teu cajado me consolam. Preparas uma mesa perante mim na presença dos meus inimigos, unges a minha cabeça com óleo, o meu cálice transborda. Certamente que a bondade e a misericórdia me seguirão todos os dias da minha vida: e habitarei na casa do Senhor por longos dias.

Salmo 40: Esperei com paciência no Senhor, e ele se inclinou para mim, e ouviu o meu clamor. Tirou-me dum lago horrível, dum charco de lodo, pôs os meus pés sobre uma rocha, firmou os meus passos; E pôs um novo cântico na minha boca, um hino ao nosso Deus; muitos o verão, e temerão, e confiarão no Senhor. Bem-aventurado o homem que põe no Senhor a sua confiança, e que não respeita os soberbos nem os que se desviam para mentira. Muitas são, Senhor meu Deus, as maravilhas que tens operado para conosco; e os teus pensamentos não se podem contar diante de ti; eu quisera anunciá-los, e manifestá-los, mas são mais do que se podem contar. Sacrifício e oferta não quiseste; as minhas orelhas furaste; holocausto e expiação pelo pecado não reclamaste. Então disse: eis aqui venho; no rolo do livro está escrito de mim: Deleito-me em fazer a tua vontade, ó Deus meu; sim, a tua lei está dentro do meu coração. Preguei a justiça na grande congregação; eis que não retive os meus lábios, Senhor tu o sabes. Não escondi a tua justiça dentro do meu coração; apregoei a tua fidelidade e a tua salvação: não escondi da grande congregação a tua benignidade e a tua verdade. Não detenhas para contigo, Senhor as tuas misericórdias; guardem-me continuamente a tua benignidade e a tua verdade. Porque males sem número me têm rodeado: as minhas iniquidades me prenderam de modo que não posso olhar para cima; são mais numerosas do que os cabelos da minha cabeça; pelo que desfalece o meu coração. Digna-te, Senhor, livrai-me: Senhor, apressa-te em meu auxílio. Sejam à uma confundidos e envergonhados os que buscam a minha vida para destruí-la; tornem atrás e confundam-se os que me querem mal. Confundidos sejam em troca da sua afronta os que me dizem: Ah! Ah! Folguem e alegrem-se em ti os que te buscam: Engrandecido seja o Senhor. Eu sou pobre e necessitado; mas o Senhor cuida de mim: tu és o meu auxílio e o meu libertador: não te detenhas ó meu Deus.

Salmo 147: Louvai ao Senhor, porque é bom cantar louvores ao nosso Deus; isto é agradável; decoroso é o louvor. O Senhor edifica Jerusalém; congrega os dispersos de Israel; Sara os quebrantados de coração, e liga-lhes as feridas; conta o número das estrelas, chamando-as a todas pelos seus nomes. Grande é o nosso Senhor, e de grande poder; o seu entendimento é infinito. O Senhor eleva os humildes, e abate os ímpios até a terra. Cantai ao Senhor em ação de graças; cantai louvores ao nosso Deus sobre a harpa. Ele é que cobre o céu de nuvens, que prepara a chuva para a terra, e que faz produzir erva sobre os montes; que dá aos animais o seu sustento, e aos filhos dos corvos, quando clamam. Não se deleita na força do cavalo, nem se compraz na agilidade do varão. O Senhor agrada-se dos que o temem e dos que esperam na sua misericórdia. Louva, ó Jerusalém, ao Senhor, louva, ó Sião, ao teu Deus. Porque ele fortaleceu os ferrolhos das tuas portas; abençoa os teus filhos dentro de ti. Ele é quem pacifica os teus termos, e da flor da farinha te farta. Quem envia o seu mandamento à terra; a sua palavra corre velozmente; quem dá a neve como lã, esparge a geada como cinza; quem lança o seu gelo em pedaços; quem pode resistir ao seu frio? Manda a sua palavra, e os faz derreter; faz soprar o vento e correm as águas. Mostra a sua palavra a Jacó, os seus estatutos e os seus juízos a Israel. Não fez assim a nenhuma outra nação; e, quanto aos seus juízos, não os conhecem. Louvai ao Senhor.

Salmo 121: Elevo os meus olhos para os montes: de onde me virá o socorro? O meu socorro vem do Senhor, que fez o céu e a terra. Não deixará vacilar o teu pé: aquele que te guarda não tosquenejará. Eis que não tosquenejará e nem dormirá o guarda de Israel. O Senhor é quem te guarda: o Senhor é a tua sombra à tua direita. O sol não te molestará de dia nem a lua de noite. O Senhor te guardará de todo o mal: ele guardará a tua alma. O Senhor guardará a tua entrada e a tua saída, desde agora e para sempre.

Salmo 70: Apressa-te, ó Deus, em me livrar; Senhor, apressa-te em ajudar-me. Fiquem envergonhados e confundidos os que procuram a minha alma; tornem atrás e confundam-se os que me desejam mal. Voltem as costas cobertos de vergonha os que dizem: Ah! Ah! Folguem e alegrem-se em ti todos os que te buscam; e aqueles que amam a tua salvação digam continuamente: Engrandecido seja Deus. Eu, porém, estou aflito e necessitado: apressa-te por mim, ó Deus; tu és o meu auxílio e o meu libertador: Senhor, não te detenhas.

Salmo 71: Em ti, Senhor, confio; nunca seja eu confundido. Livra-me na tua justiça, e faze que eu escape: inclina os teus ouvidos para mim, e salva-me. Sê tu a minha habitação forte, à qual possa recorrer continuamente: deste um mandamento que me salva, pois tu és a minha rocha e a minha fortaleza. Livra-me meu Deus das mãos do ímpio, das mãos do homem injusto e cruel. Pois tu és a minha esperança, Senhor Deus; tu és a minha confiança desde a minha mocidade. Por ti tenho sido sustentado desde o ventre: tu és aquele que me tiraste das entranhas de minha mãe: o meu louvor será para ti constantemente. Sou como um prodígio para muitos, mas tu és o meu refúgio forte. Encha-se a minha boca do teu louvor e da tua glória todo o dia. Não me rejeites no tempo da velhice; não me desampares, quando se for acabando a minha força. Porque os meus inimigos falam contra mim, e os que espiam a minha alma consultam juntos. Dizendo: Deus o desamparou: persegui-o prendei-o, pois não há quem o livre. Ó Deus não te alongues de mim: meu Deus apressa-te em ajudar-me. Sejam confundidos e consumidos os que são adversários da minha alma; cubram-se de opróbrio e de confusão aqueles que procuram o meu mal. Mas eu esperarei continuamente, e te louvarei cada vez mais. A minha boca relatará as bênçãos da tua justiça e da tua salvação todo o dia, posto que não conheça o seu número. Sairei na força do Senhor Deus; farei menção da tua justiça e só dela. Ensinaste-me ó Deus desde a minha mocidade; e até aqui tenho anunciado as tuas maravilhas. Agora também, quando estou velho e de cabelos brancos, não me desampares, ó Deus, até que tenha anunciado a tua força a esta geração, e o teu poder a todos os vindouros. Também a tua justiça, ó Deus, está muito alta, pois fizeste grandes cousas: Ó Deus, quem é semelhante a ti? Tu, que me tens feito ver muitos males e angústias, me darás ainda a vida, e me tirarás dos abismos da terra. Aumentarás a minha grandeza, e de novo me consolarás. Também eu te louvarei com o saltério bem como a tua verdade, ó meu Deus; cantar-te-ei com a harpa, ó Santo de Israel. Os meus lábios exultarão quando eu te cantar, assim como a minha alma que me remiste. A minha língua falará da tua justiça todo o dia: pois estão confundidos e envergonhados aqueles que procuram o meu mal.

Salmo 37: Não te indignes por causa dos malfeitores, nem tenhas inveja dos que obram a iniquidade. Porque cedo serão ceifados como a erva, e murcharão como a verdura. Confia no Senhor e faze o bem; habitarás na terra, e verdadeiramente serás alimentado. Deleita-te também no Senhor, e ele te concederá o que deseja o teu coração. Entrega o teu caminho ao Senhor; confia nele, e ele tudo fará. E ele fará sobressair a tua justiça como a luz, e o teu juízo como o meio-dia. Descansa no Senhor, e espera nele, não te indignes por causa daquele que prospera em seu caminho, por causa do homem que executa astutos intentos. Deixa a ira, e abandona o furor; não te indignes para fazer o mal. Porque os malfeitores serão desarraigados; mas aqueles que esperam no Senhor herdarão a terra. Pois ainda um pouco, e o ímpio não existirá; olharás para o seu lugar e não aparecerá. Mas os mansos herdarão a terra, e se deleitarão na abundância de paz. O ímpio maquina contra o justo, e contra ele range os dentes. O Senhor se rirá dele, pois vê que vem chegando o seu dia. Os ímpios puxaram da espada e entesaram o arco, para derribarem o pobre e o necessitado, e para matarem os de reto caminho. Mas a sua espada lhe entrará no coração, e os seus arcos se quebrarão. Vale mais o pouco que tem o justo, do que as riquezas de muitos ímpios. Pois os braços dos ímpios se quebrarão, mas o Senhor sustém os justos. O Senhor conhece os dias dos retos, e a sua herança permanecerá para sempre. Não serão envergonhados nos dias maus e nos dias de fome se fartarão. Mas os ímpios perecerão, e os inimigos do Senhor serão como as gorduras dos cordeiros: desaparecerão e em fumo se desfarão. O ímpio toma emprestado, e não paga; mas o justo compadece-se e dá. Porque aqueles que ele abençoa herdarão a terra, e aqueles que forem por ele amaldiçoados serão desarraigados. Os passos de um homem bom são confirmados pelo Senhor, e ele deleita-se no seu caminho. Ainda que caia, não ficará prostrado pois o Senhor o sustém com a sua mão. Fui moço, e agora sou velho; mas nunca vi desamparado o justo, nem a sua descendência a mendigar o pão. Compadece-se sempre, e empresta, e a sua descendência é abençoada. Aparta-te do mal e faze o bem; e terás morada para sempre. Porque o Senhor ama o juízo e não desampara os seus santos; eles são preservados para sempre; mas a descendência dos ímpios será desarraigada. Os justos herdarão a terra e habitarão nela para sempre. A boca do justo fala da sabedoria; a sua língua fala do que é reto. A lei do seu Deus está em seu coração; os seus passos não resvalarão. O ímpio espreita o justo, e procura mata-lo. O Senhor não o deixará em suas mãos, nem o condenará quando for julgado. Espera no Senhor, e guarda o seu caminho, e te exaltará para herdares a terra; tu o verás quando os ímpios forem desarraigados. Vi o ímpio com grande poder espalhar-se como a árvore verde na terra natal. Mas passou e já não é: procurei-o, mas não se pôde encontrar. Nota o homem sincero, e considera o que é reto, porque o futuro desse homem será de paz. Quanto aos transgressores, serão a uma destruídos, e as relíquias dos ímpios todas perecerão. Mas a salvação dos justos vem do Senhor; ele é a sua fortaleza no tempo da angústia. E o Senhor os ajudará e os livrará; ele os livrará dos ímpios e os salvará, porquanto confiam nele.

Salmo 46: Deus é o nosso refúgio e fortaleza, socorro bem presente na angústia. Pelo que não temeremos, ainda que a terra se mude, e ainda que os montes se transportem para o meio dos mares. Ainda que as águas rujam e se perturbem, ainda que os montes se abalem pela sua braveza. Há um rio cujas correntes alegram a cidade de Deus, o santuário das moradas do altíssimo. Deus está no meio dela; não será abalada: Deus a ajudará ao romper da manhã. As nações se embraveceram; os reinos se moveram; ele levantou a sua voz e a terra se derreteu. O Senhor dos Exércitos está conosco: o Deus de Jacó é o nosso refúgio. Vinde contemplai as obras do Senhor; que desolações tem feito na terra! Ele faz cessar as guerras até o fim da terra: quebra o arco e corta a lança: queima os carros no fogo. Aquietai-vos, e sabeis que eu sou Deus; serei exaltado entre as nações, serei exaltado sobre a terra. O Senhor dos Exércitos está conosco: o Deus de Jacó é o nosso refúgio.

Salmo 51: Tem misericórdia de mim, ó Deus, segundo a tua benignidade; apaga as minhas transgressões, segundo a multidão das tuas misericórdias. Lava-me completamente da minha iniquidade, e purifica-me do meu pecado. Porque eu conheço as minhas transgressões, e o meu pecado está sempre diante de mim. Contra ti, contra ti somente pequei, e fiz o que a teus olhos parece mal, para que sejas justificado quando falares, e puro quando julgares. Eis que em iniquidade fui formado, e em pecado me concebeu minha mãe. Eis que amas a verdade no íntimo, e no oculto me fazes conhecer a sabedoria. Purifica-me com hissope, e ficarei puro: lava-me e ficarei mais alvo do que a neve. Faze-me ouvir júbilo e alegria, para que gozem os ossos que tu quebraste. Esconde a tua face dos meus pecados, e apaga todas as minhas iniquidades. Cria em mim, ó Deus, um coração puro, e renova em mim um espírito reto. Não me lances fora da tua presença, e não retires de mim o teu Espírito Santo. Torna a dar-me a alegria da tua salvação, e sustém-me com um espírito voluntário. Então ensinarei aos transgressores os teus caminhos, e os pecadores a ti se converterão. Livra-me dos crimes de sangue, ó Deus, Deus da minha salvação, e a minha língua louvará altamente a tua justiça. Abre, Senhor, os meus lábios, e a minha boca entoará o teu louvor. Porque te não comprazes em sacrifícios, senão eu os daria; tu não te deleitas em holocaustos. Os sacrifícios para Deus são o espírito quebrantado; a um coração quebrantado e contrito não desprezarás, ó Deus. Abençoa a Sião, segundo a tua boa vontade; edifica os muros de Jerusalém. Então te agradarás de sacrifícios de justiça, dos holocaustos e das ofertas queimadas; então se oferecerão novilhos sobre o teu altar.

Salmo 103: Bendize, ó minha alma, ao Senhor, e tudo o que há em mim bendiga o seu santo nome. Bendize, ó minha alma, ao Senhor, e não te esqueças de nenhum de seus benefícios. É ele que perdoa todas as tuas iniquidades, e sara todas as tuas enfermidades; quem redime a tua vida da perdição, e te coroa de benignidade e de misericórdia. Quem enche a tua boca de bens, de sorte que a tua mocidade se renova como a águia. O Senhor faz justiça e juízo a todos os oprimidos. Fez notórios os seus caminhos a Moisés, e os seus feitos aos filhos de Israel. Misericordioso e piedoso é o Senhor; longânime e grande em benignidade. Não repreenderá perpetuamente, nem para sempre conservará a sua ira. Não nos tratou segundo os nossos pecados, nem nos retribuiu segundo as nossas iniquidades. Pois quanto o céu está elevado acima da terra, assim é grande a sua misericórdia para com os que o temem. Quanto está longe o oriente do ocidente, assim afasta de nós as nossas transgressões. Como um pai se compadece de seus filhos assim o Senhor se compadece daqueles que o temem. Pois ele conhece a nossa estrutura; lembra-se de que somos pó. Porque o homem, são seus dias como a erva; como a flor do campo, assim floresce; pois, passando por ela o vento, logo se vai, e o seu lugar não conhece mais. Mas a misericórdia do Senhor é de eternidade a eternidade sobre aqueles que o temem, e a sua justiça sobre os filhos dos filhos; sobre aqueles que guardam o seu concerto, e sobre os que se lembram dos seus mandamentos para os cumprirem. O Senhor tem estabelecido o seu trono nos céus, e o seu reino domina sobre tudo. Bendizei ao Senhor, anjos seus, magníficos em poder, que cumpris as suas ordens, obedecendo à voz da sua palavra. Bendizei ao Senhor, todos os seus exércitos, vós, ministros seus, que executais o seu beneplácito. Bendizei ao Senhor, todas as suas obras, em todos os lugares do seu domínio; bendize, ó minha alma, ao Senhor.

Salmo 33: Regozijai-vos no Senhor, vós justos, pois aos retos convém louvor. Louvai ao senhor com harpa, cantai a ele com saltério de dez cordas. Cantai-lhe um cântico novo: tocai bem e com júbilo. Porque a palavra do Senhor é reta, e todas as suas obras são fiéis. Ele ama a justiça e o juízo; a terra está cheia da bondade do Senhor. Pela palavra do Senhor foram feitos os céus, e todo o Exército deles pelo Espírito da sua boca. Ele ajunta as águas do mar como num montão; põe os abismos em tesouros. Tema toda a terra ao Senhor, temam-no todos os moradores do mundo. Porque falou, e tudo se fez; mandou, e logo tudo apareceu. O Senhor desfaz o conselho das nações, quebranta os intentos dos povos. O conselho do Senhor permanece para sempre: os intentos de seu coração de geração em geração. Bem-aventurada é a nação cujo Deus é o Senhor, e o povo que ele escolheu para a sua herança. O Senhor olha desde os céus e está vendo a todos os filhos dos homens; Da sua morada contempla todos os moradores da terra. Ele é que forma o coração de todos eles, que contempla todas as suas obras. Não há rei que se salve com a grandeza dum exército, nem o homem valente que se livra pela muita força. O cavalo é vão para a segurança: não livra ninguém com a sua grande força. Eis que os olhos do Senhor estão sobre os que o temem, sobre os que esperam na sua misericórdia. Para livrar as suas almas da morte, para os conservar vivos na fome. A nossa alma espera no Senhor: ele é o nosso auxílio e o nosso escudo. Pois nele se alegra o nosso coração, porquanto temos confiado no seu santo nome. Seja a tua misericórdia, Senhor, sobre nós, como em ti esperamos.

Salmo 43: Faze-me justiça, ó Deus, e pleiteia a minha causa contra a gente ímpia: livra-me do homem fraudulento e injusto. Pois tu és o Deus da minha fortaleza: por que me rejeitas? Por que me visto de luto por causa da opressão do inimigo? Envia a tua luz e a tua verdade, para que me guiem e me levem ao teu santo Monte, e aos teus tabernáculos. Então irei ao altar de Deus, do Deus que é a minha grande alegria, e com harpa te louvarei, ó Deus, Deus meu. Por que estás abatida, ó minha alma? E porque te perturbas dentro de mim? Espera em Deus, pois ainda o louvarei. Ele é a salvação da minha face e Deus meu.

AGRADECIMENTOS

Este livro é o marco de uma vitória espiritual e minha gratidão se estende a todos que foram canais da graça de Deus em minha jornada.

A Deus, o Autor da Vida: Minha gratidão eterna por ser meu arrimo e rocha durante a provação hospitalar e o luto. Obrigada por me sustentar na escuridão, fortalecer minha fé e me confiar este chamado.

À minha Família: Ao meu esposo, filhos e familiares, obrigada pelo apoio incondicional. Esta obra nasceu da memória de nossa querida Sophia, que partiu para o Senhor, e da vida do nosso filho José Felipe. Vocês são as sementes de fé que tornaram este testemunho realidade.

Aos Profissionais de Saúde: Gratidão aos médicos e enfermeiros que, com dedicação e ciência, foram as mãos estendidas de Deus nos momentos mais críticos de nossa caminhada.

Aos Leitores: Obrigada por permitirem que nossa história entre em seus lares. Que este livro desperte em vocês um novo e profundo compromisso com o Pai.

SOBRE A AUTORA

Luzia Alves Castelo Branco é jornalista formada pela Unitri e especialista em Gestão de Marketing pela Esamc. Com sólida trajetória no jornalismo impresso, buscou também formação em Neuroteologia pela Fateb, conhecimento que expandiu sua visão sobre as conexões entre a mente e a espiritualidade.

Cristã, esposa e mãe, Luzia descobriu na prática o poder da resiliência após vivenciar uma jornada intensa de fé durante provações na UTI. Autora publicada na Amazon, ela dedica sua vida a mostrar que o compromisso com o Criador é o caminho para a restauração plena. Este livro é o fruto de sua entrega total ao propósito de ser luz e compartilhar o testemunho vivo da graça de Deus.